全球史 —人类文明新视野—

Cabinet de curiosités de
l'histoire du Monde

Christian Grataloup

珍奇屋中的
世界史

［法］克里斯蒂安·格拉塔洛浦　著

范鹏程　译

中国社会科学出版社

审图号：GS（2021）7598号

图字：01-2021-2045号

图书在版编目（CIP）数据

珍奇屋中的世界史 /（法）克里斯蒂安·格拉塔洛浦著；范鹏程译. —
北京：中国社会科学出版社，2022.1

ISBN 978-7-5203-8956-3

Ⅰ.①珍…　Ⅱ.①克…②范…　Ⅲ.①世界史—通俗读物②地理—世
界—通俗读物　Ⅳ.①K109②K91-49

中国版本图书馆CIP数据核字（2021）第173035号

出 版 人	赵剑英	
项目统筹	侯苗苗	
责任编辑	侯苗苗　桑诗慧　杨　颖	
责任校对	闫　翠	
责任印制	王　超	

出　　版	中国社会科学出版社	
社　　址	北京鼓楼西大街甲 158 号	
邮　　编	100720	
网　　址	http://www.csspw.cn	
发 行 部	010-84083685	
门 市 部	010-84029450	
经　　销	新华书店及其他书店	

印刷装订	北京君升印刷有限公司		
版　　次	2022 年 1 月第 1 版		
印　　次	2022 年 1 月第 1 次印刷		

开　　本	880×1230	1/32	
印　　张	5		
字　　数	78 千字		
定　　价	66.00 元		

凡购买中国社会科学出版社图书，如有质量问题请与本社营销中心联系调换

电话：010-84083683

| 目　录 |

引言：拼接世界　　/// 001

从针眼里去美洲　　/// 001

普通又不寻常的半圆环　　/// 005

香料之源在天堂　　/// 011

这是一支烟斗　　/// 015

"无边"的帽子　　/// 019

从巧克力饮料到杯托　　/// 023

一草一世界　　/// 029

与印度毫不相干的科罗曼德尔漆器　　/// 033

黄金：全球化的开路先锋　　/// 037

钢铁的徜徉　　/// 043

皮草：全球化的前哨　　/// 047

"茶"怎么说？　　/// 053

嘿，甘薯!　　/// 057

周游世界的水果之王　　/// 063

笼头与马镫　　/// 067

征服沙漠的驼鞍   /// 071

人力车，十足的西方来客   /// 075

共生动物：人类社会的偷渡客   /// 079

圣人与逆贼   /// 083

野马与印第安人   /// 089

世界尽头的航海图   /// 093

亚历山大属于全世界   /// 097

塔斯曼：化假想为现实   /// 103

当铁轨遇上子午线   /// 107

哥伦布的两个身体   /// 111

共通的寓言   /// 115

说说蓝色   /// 121

野蛮人从何说起？   /// 125

与植物无关的"丛林"   /// 129

美洲病   /// 133

记忆的网格   /// 139

草原帝国   /// 143

历史会解冻   /// 149

致谢   /// 153

拼接世界

从20世纪90年代起，"网"作为互联网的简称就成了日常用语。这个字的确用得恰到好处：在网络的作用下，世界各地的电脑得以相互连通，确实构成了一张"网"。互联网既是全球化的核心要素，也是全球化的缩影。它具有强大的应变力与凝聚力，交通、资讯、广播、电视、疫情、时尚等领域的信息都通过互联网进行发布和交互。同网络一样，世界也是一个由无数点和线构成的整体，而其中的很多节点早已互联互通。

我们可以对世界之网进行简单而传神的描摹。今天的航海、航空、新闻资讯、证券市场都具有全球化的特点，最容易浮现在我们的脑海之中。历史中的例子也比比皆是，丝绸之路、航海大发现、黑死病等同样具有世界化的特点。但时间与空间的阻隔往往让人们变成了"老花眼"。人们知道咖啡、热茶以及热巧克力是世界化的饮品，却忘了并不是所有地区都能种出咖啡树、茶树和可可树。我们的日常用语、我们的习惯性动作、我们习以为常的商品每时每刻都与世界相连，而这样的状态已经持续很久了。

这本小书所要展现的正是世界的拼图。这幅拼图并没有十分严整的结构：书中的文章都来自 2011 年以来《地理》季刊上的一个固定板块，全书并不是按照一个严整的结构来谋篇布局的。对于这份 1822 年创刊的著名杂志来说，十年只是短短的一瞬。但在这十年间，这一板块中的每一篇文章都一直坚守杂志最初的理念，即向世人介绍地理探索的新发现，积极传播异域的地理知识。每篇小文章都不过是世界历史大画布上无数拼图中微不足道的一块，有的是物质的，有的是精神的。它们没有主线，却都记录着我们与世界的联系。爱德华·洛伦兹（Edward Lorenz）在 1972 年发现，一个数学变量的细微差异就会带来截然不同的天气预测结果，由此提出了"蝴蝶效应"。如今，这个美丽的短语已具有了局部事件可能产生全球性影响的深刻意义。接下来的故事并没有蝴蝶效应那么大的影响力，或者说并没有多么惊天动地，但您会发现，很多我们觉得司空见惯的东西其实并不是那么平淡无奇，很多记忆看似消失了，其实依然存在于我们身边。

　　既然世界是一张相互连通的网，那么我们不妨从缝衣针谈起，然后穿针引线，串起世界史中的种种珍奇。我们会讲到一些小物件，如烟斗、马镫、帽子，以及制作它们的原材料，如钢铁、染料、生漆、金银。普通器皿上的一个微不足道的结构也同样能够映照出整个世界，茶杯的杯耳就是一个很好的例子。您还会读到一些动植物的故事，如香料、绿草、菠萝、甘薯、骆驼、野马，它们陪伴着人类，在远离原产地的地方开启了完全不同的生命之旅。我们还会讲到神话和寓言，让您对拉·封丹寓言以及亚历山大大帝的故事多一分了解。串起世界的线有的是纤细的，有的是多彩的，有时很坚韧，有时又很脆弱，时常充满了意外，有时又尽在情理之中：这根线就是我们自己。

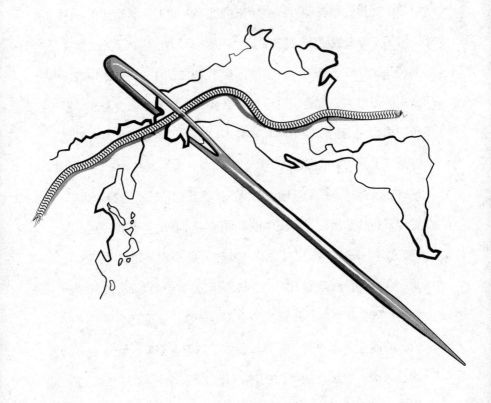

从针眼里去美洲[1]

---

[1] 书中插图系原书所插附，下同。

从针眼里去美洲

在今天所有的日常用品中，恐怕没有什么比缝衣针更古老的了。自然界中有很多与缝衣针形状类似的东西，比如植物枝干上的尖刺以及针叶树的叶子等。人类的天才之处在于在其较粗的一端设计了一个孔，这样就可以将线穿进去，使缝纫成为可能。目前发现的最古老的针是用骨头制成的，可以追溯到索留特累期（Solutréen），距今已有大约 2 万年的历史。考古学家在马格德林时期也发现了很多用骨头或角做成的针，其年代相对就近一些了，距今 1.5 万—1 万年。缝衣针大量出现于旧石器时代晚期，但在此之前很可能已经诞生了用木头制成的针，只是没能保存到今天。也就是说，缝衣针的历史可能是非常久远的。对于历史地理学来说，这件事有着重要的意义。

针的出现比纺织要早得多，织机中的梭子可能就是由针演变而来的。在很长一段时期内，人们缝的都是动物的皮毛。与松垮的长袍相比，根据人的身形缝制出来的衣服具有更好的御寒效果，也更便于活动，因纽特人的传统服装就是一个实例。与缝衣针类似的大头针是之后发明出来的，它的使用与纺织布料有关。目前已知的最古老的大头针来自 6000 年前的埃及。欧洲有很多用来固定衣褶的古老衿针，但主要出现在间冰期的地中海气候区。

值得注意的是，最早的缝衣针诞生于索留特累期，也就是地球的上一个冰期的时候，那时的海平面降到了最低水平。人们认为，美洲大陆上最早的人类主要就是在这个时候出现的。当时的白令海峡是一个地峡，美洲原住民的祖先从那里踏上了美洲大陆。即便在今天，西伯利亚东部至阿拉斯加一带仍然不适合开设海水浴场，因此当时的人类需要想方设法长时间地抵御寒冷。

　　我们有理由认为，如果不能做出贴身的衣服，美洲历史上这次重要的人口迁徙就不可能实现。可以说，缝衣针为原住民的出现做出了重大贡献。从这个意义上讲，针眼可以被认为是通向美洲最重要的关口。

杯耳的故事

普通又不寻常的半圆环

过去，在亲友结婚时送上一套餐具一直是法国的一种传统。每到这个时候，喜欢说三道四的人就会在背后议论那些送茶具、送咖啡用具的人，说他们都是小气鬼，因为在上百种餐具中，茶具和咖啡用具是最便宜的。有一种双人茶具只包含两只杯子，比普通的茶杯更大一些，适合早餐时使用，对钱袋子尤其友好。为新婚夫妇送上生活用品是一种常见的做法，寄托着对新人开启新生活的美好祝福，而馈赠餐具的做法始于18世纪，是彩陶厂、瓷器厂大量出现的时代。到 19 世纪，模具的使用使瓷器的生产走向工业化，特别是在法国的利摩日地区，以餐具作为礼物便成了一种习俗。

在欧洲，带有杯耳的杯子是启蒙时代才普及开来的。那个时候，茶、咖啡和热巧克力进入了欧洲人的日常生活。在借鉴原产地饮具的基础上，欧洲人对杯型进行了调整，使其更符合欧洲餐桌的风格，其中一个重要的改变就是增加了杯耳。这个小小的半圆环能够方便人们将杯子端起来，享用充满异域风情的热饮。茶、咖啡、热巧克力都来自热带，起初是非常稀罕的东西，因此价格昂贵。由于这些饮料都具有提神的作用，而且欧洲人又在其中加入了糖和牛奶，创造出了与原产地不同的口味，这几种热饮随后便成为欧洲人每日早餐的必备元素。欧式早餐由此诞生。这种新的饮食习惯很快从西欧上流社会传播到整个欧洲，进而在世界范围内传播开来。

带有手柄的容器其实很早以前就出现了，例如古代的花瓶、酒壶都是有手柄的，但是仅供个人使用的容器却很少有这种结构。中亚的奶酒壶是一个特例。奶酒壶之所以设计有手柄，是因为能够挂在马鞍上。带有手柄的啤酒杯可能就是从奶酒壶演化而来的，其历史至少可以追溯到 14 世纪，马克杯又是在它的基础上发展出来的。对于用来喝热饮的小杯子来说，手柄确实前所未有。

在法语里，tasse（杯子）一词首先会让人们想到咖啡，但实际上，它的起源与茶的关系更紧密。法语的 tasse 来自意大利语 tazza，但并不是所有的欧洲语言都这样，比如英语中的 cup、瑞典语中的 kopp、荷兰语中的 kopje、葡萄牙语中的 copo，都来自拉丁语 cuppa。北欧的语言大多属于日耳曼语系，这些语言使用拉丁语词根似乎是一件不太正常的事情，但是比起 tazza 这个词的词源，这根本不算什么。Tazza 一词来自阿拉伯语 tâsa，而 tâsa 来自波斯语 tâs。这个词出现在公元 10 世纪末的伊朗，也就是中国的瓷器和茶传到当地上流社会的时候。自陶器产生以来，即新石器时代以后，人们就用中空的容器来喝东西，包括水、汤、葡萄酒、牛奶、啤酒、苹果酒、马奶等，但通常都不会规定某一种杯子只能用来盛特定的饮品，这与今天的碗是类似的。意大利人将咖啡从奥斯曼帝国带回家乡的时候，把饮具也一同带了回去，它的名字就叫作 tâsa。所以这个词也就随着咖啡一同流传开来。在欧洲西北部，茶抢占了先机，所以 tâsa 这个词并没有渗透的机会。

这种用于喝热饮的小杯子起源于中国，最早用于饮茶。人们对茶壶和茶杯的需求很可能是瓷器产生的一个主要原因[1]。所以伊朗以及后来的阿拉伯世界都是因为茶而结识了茶杯。15世纪，咖啡由也门经麦加到达中东地区，广受欢迎，人们自然而然地便开始用茶杯来饮用咖啡，并随着时间的推移对其进行了一定的改造。类似形状的容器早在几千年前就出现在了两河流域和埃及一带，它们以玻璃为材质。但与陶瓷器皿不同，那时的玻璃杯完全无法盛装热饮。人们很快就学着用彩陶制作中式茶杯。那个年代，用中国的瓷器喝咖啡是一件非常奢侈的事情，是权势的象征。随着咖啡流传的越来越广，咖啡杯的生产制作也在不断发生变化，最终与茶杯完全区别开来。

事实上，温度是一个很大的问题。人们很少会喝滚烫的茶，由嫩叶制成的未发酵或发酵程度较低的茶叶，尤其禁不起高温冲泡。因此，中国用来喝茶的杯子是不需要杯耳的。而当时的咖啡都是熬出来的，倒在杯子里的时候温度还非常高。若用拇指和食指将杯子拿在手中，很难不被烫伤。人们想出了两个办法。第一

---

[1]　瓷器出现在汉朝初期，即公元前2世纪前后。

个办法是不改变中式茶杯的形状，将其放入另一个器具（通常有手柄），喝咖啡时将二者一起端起来，阿拉伯语和土耳其语都称其为 zarf。俄罗斯人沿用了这种做法，但他们喝的仍然是茶。当地气候寒冷，人们习惯喝非常热的茶。

第二个办法就是给中式茶杯加上杯耳。类似的结构在其他物品上早已存在，如酒罐、篮子都有形状相似的提手。18 世纪，我们今天所熟悉的杯耳成了杯子的一部分。但是喜欢逛古玩店的人可能会发现，19 世纪欧洲生产的一些彩陶杯并没有杯耳，特别是意大利或法国普罗旺斯地区的产品。这是因为没有杯耳的杯子其实是针对奥斯曼市场或波斯市场的。由此也可以看出当时的贸易方向已经发生了逆转。另外，欧洲最早的瓷器，即 18 世纪 20 年代的梅森瓷，也是不设计杯耳的。但从 18 世纪中叶开始，茶杯、咖啡杯就都有杯耳了。

有趣的是，这个在特殊的背景下诞生并传播开来的小物件如今变成了证券交易界的一个词汇。在股市中，"带柄茶杯形态"是一种走势图，其中的"柄"就是在市值持续上涨一段时间后出现的短期小幅下跌曲线。整个走势图的外观就是一个带有杯耳的杯子形状。

香料之源在天堂

1248 年，法兰西国王路易九世的史官、香槟省司法总管茹安维尔（Joinville, 1224—1317）跟随国王踏上了第七次十字军东征的征程。从达米埃塔到开罗，战争打得很激烈，但总是打打停停。借着一次休战的契机，茹安维尔外出购物，发现在欧洲很难买到的香料竟然在埃及的市场上很容易就遇到了。然而香料高昂的价格却令他大吃一惊。他问商人，这些神奇的东西究竟来自何方。商人们告诉他，香料之所以价值不菲，是因为它们来自遥远的人间天堂。那里生长着神奇的树木，树的种子成熟后，就会落入发源于天堂的四条河中，其中一条便是尼罗河。天堂外的人用一张细网就可以将香料从河水中打捞出来。当然，香料的产量并不高，而且运到埃及还要经过漫漫长途，价格自然也就高了。

埃及商人绝不是为了蒙骗欧洲人而编造了这个故事。关于人间天堂的位置，科普特基督徒、犹太人、穆斯林有着一致的看法。这种看法虽然不太可靠，但是由来已久、根深蒂固。各种版本的《创世记》对伊甸园的位置都语焉不详，但是如果我们将该隐的诅咒大胆地解释一番，就能推测出伊甸园应该就在人类社会的最东端，因为该隐在杀死了弟弟亚伯之后被放逐到了黑暗的"伊甸园之东"、日出之外的地方。同样，天堂中有四条河的说法也被广泛接受，茹安维尔对此肯定也不陌生。事实上，在中世纪基督教和伊斯兰教的世界地图上，地球的最东端都标示着"天堂"的字样。

而香料的确来自离地中海非常远的东方，特别是马鲁古群岛（古时被称为香料群岛）一带。三个世纪之后，西班牙与葡萄牙对这里展开了争夺，荷兰人成了最后的赢家。经过漫长的海上旅途，香料经红海抵达非洲海岸，最终由小帆船运送到尼罗河沿岸各地。埃及商人的故事虽然对真实的贸易过程进行了渲染，但并非胡编乱造。香料的确是从太阳升起的方向运到埃及的。

翁贝托·埃科（Umberto Eco）在《不知名大学的建设规划》中提议设立"梵蒂冈地理讲坛"，而并没有提议"天堂地理讲坛"。[1]他没有错，因为天堂地理可没有那么简单。

---

[1] Umberto Eco, *Comment voyayer avec un sanmon*, Grasset, 1997. 读者可参阅，此书已出版中文版，名为《带着鲑鱼去旅行》。

Ceci n'est pas une pipe.

d'après Magritte

16 世纪以来世界一体化与多样化并存的有力证明——烟斗

这是一支烟斗

在禁烟措施广泛施行之前，烟斗就已经不那么流行了。它最受欢迎的时期是在 19 世纪中叶到 20 世纪中叶。那个时候，烟斗是一件日常物品，否则画家马格利特（Magritte）也不会用它来表达眼见并不为实的思想。后来烟斗的形状和材质成为身份与地位的象征：文人和武士往往有着不一样的烟斗品位。不同于雪茄，烟斗被社会各个阶层广泛接受，但从使用人群的性别上讲，二者则是一致的——它们显然大都为男性所专属，像法国女作家乔治·桑

（George Sand）抽烟斗这样的事件，则是非常强势的女性主义行为。

在欧洲的鼎盛时期，街头巷尾到处都有人在抽烟斗，但烟斗其实并不是在欧洲诞生的。同烟草一样，烟斗也来自美洲。想想北美大平原上印第安人的和平烟斗就知道了。在苏族拉科塔人的神话中，白水牛女神普特珊维送给人类一支神圣的烟斗，并教给他们道理，拉科塔人由此诞生。从罗马帝国到古印度，人们为了将植物燃烧的产物吸入体内，制作了各式各样的工具，但只有中美洲的印第安人发明出了这种既有烟锅又有烟管的装置。西班牙人在塔巴斯科（Tabasco）[1]的胡拉坎王国第一次见到烟斗，后来便将烟草和烟斗一同带回了欧洲。

17世纪，烟斗的存在证明平民或多或少地参与了各种面向世界的扩张活动。十七八世纪的荷兰画家经常描绘烟斗满地的场景，但由于波涛和浪花并不利于烟草在烟斗里燃烧，水手们往往更喜欢嚼烟而不是抽烟，所以烟斗只可能来自船上的其他人。从这一点上看，《丁丁历险记》中的阿道克船长似乎不该是叼着烟斗的形象。

欧洲人还把烟斗传播到了美洲和欧洲之外的地方。人们在撒

---

[1]　法文中的烟草一词 tabac 正是来源于这个地名。此地现为墨西哥的一个州。

哈拉以南的非洲也发现了古老的烟斗，抽烟斗曾是当地较为普遍的现象。变化最大的烟斗要数鸦片烟枪了。随着西班牙的武装商船穿越太平洋到达马尼拉，烟斗很快被传入中国台湾。也许就是从那时开始，人们开始用烟斗吸食鸦片。罂粟原产于地中海东部，很久之前就已传入亚洲。起初，人们将罂粟籽与烟草混在一起，随后发现烟斗是一种吸食鸦片的理想工具，便根据鸦片的燃烧特点对烟斗进行了改造，最终使亚洲的烟斗具有了特殊的形状。

　　从烟草，到鸦片，再到大麻，烟斗一直是一种吸食有害物质的工具。它从美洲到亚洲的地理历史变迁，是 16 世纪以来世界一体化与多样化并存的有力证明。

"无边"的帽子

"无边"的帽子

1829 年，奥斯曼帝国的苏丹马哈茂德二世（Sultan Mahmoud Ⅱ）颁布诏令，要求国内包括宗教人士在内的所有达官显贵都佩戴菲斯帽。这项措施是奥斯曼政府现代化政策的一部分，目的之一就是要实现着装的西式化。圆形无檐毡帽早在这之前就出现了，其历史至少可以追溯至拜占庭帝国。地中海周边的居民因而对这一类型的帽子习以为常，他们设计出了大小、软硬各不相同的款式，并且将其传播到了更远的地方。19 世纪，由于这种帽子没有檐，戴着它叩头时不需要脱帽，穆斯林便接受了它，这当然也是为了与头巾区别开来以甩掉"东方"的影子。在整个 19 世纪以及 20 世纪初期，菲斯帽虽然是奥斯曼帝国的标志性服饰，但主要在奥地利生产，然后销往奥匈帝国的巴尔干地区，并大量出口到旁边的土耳其。

　　1925 年，土耳其共和国的第一任总统、总理、国民议会议长穆斯塔法·凯末尔·阿塔图尔克（Mustapha Kemal Atatürk）下令禁止佩戴菲斯帽，将其视为封建制度的象征。埃及人一度也很喜欢戴菲斯帽，直至埃及总统纳赛尔（Nasser）用与土耳其一样的理由将其废止。在尼罗河沿岸，人们把菲斯帽称为塔布什帽 [1]。马格里布地区同样流行菲斯帽，但更受欢迎的是质地较为柔软的款式。在所有阿拉伯国家中，菲斯帽生命力最持久的地方是从未被奥斯曼帝国征服过的摩洛哥。摩洛哥国王和贵族政要们经常佩戴这种帽子。沦为法国的保护国后，佩戴菲斯帽更是成了摩洛哥抵制殖民主义的象征。因此，菲斯帽至今仍是摩洛哥的重要标志。另外，摩洛哥的古都就叫作菲斯，菲斯帽的名字也许正是由此而来。

---

[1]　塔布什（tarbouche）一词来源于波斯语 sar（头）和 pouch（帽子、头饰）。

　　殖民军是菲斯帽走向世界的主要媒介。驻扎在北非的法国军队有的是由欧洲人构成的，如佐阿夫轻步兵团；有的是由马格里布人构成的，如突尼斯和阿尔及利亚步兵团；有的既有欧洲人，也有当地土著。但无论是哪一种构成形式，菲斯帽一直是法军制服的一部分。佐阿夫轻步兵团的制服后来被教皇军队、巴西军队所效仿，美国南北战争时，北军的制服也采用了类似的样式。1857年成立的塞内加尔步兵团佩戴红色菲斯帽，这一传统被今天的塞内加尔红色荣誉军延续下来。非洲的西班牙、葡萄牙、意大利、德国殖民军同样佩戴菲斯帽，大英帝国的部分军事力量如英皇非洲步枪队（King's African Rifles）也不例外。同样的情况还发生在英国殖民时期的西印度群岛，今天的巴巴多斯军团依然使用菲斯帽。另外，印度和菲律宾的一些军队也曾将菲斯帽作为军帽。

　　如今，在摩洛哥之外的地方，菲斯帽只剩下了用来招揽游客的作用，比如马格里布的阿拉伯安达卢西亚乐团、埃及酒店的门童都戴着这种帽子。菲斯帽早已不再是埃及人的标志了，它作为穆斯林身份的象征转而在南亚一带流行开来。在英属印度帝国，人们把菲斯帽称为罗马帽（rumi topi），一度将其作为身份的象征，伊斯兰联盟的斗士们还曾用它来宣告自己的宗教信仰。但由于菲斯帽与早期的巴基斯坦有着某种关联，后来便被更具伊斯兰教特点的其他头饰取代了。今天，菲斯帽常见于东南亚一带。当地设计出了一种叫作 peci（北芝帽）的款式，比传统的菲斯帽浅一些，没有流苏，有时会用刺绣来装饰，在印度尼西亚尤为流行。

从巧克力饮料到杯托

如今，即便是在一家小酒吧的吧台上点一杯咖啡，服务员都会把咖啡杯放到小碟子上端到顾客面前。这并不是一个成文的规定，但很少有人不这么做。我们没有理由认为喝咖啡的人比喝酒的人更容易将饮料洒出来。这种现象之所以存在，是因为在 18 世纪，来自异域的茶、咖啡以及巧克力饮料逐渐融入了伦敦、阿姆斯特丹、巴黎的大众生活，进而风靡整个欧洲大陆，使用杯托的习惯就是在这一时期形成的。杯托不仅可以承载杯子，还能用来放置欧洲人当时发明的另一种东西：咖啡匙或茶匙。

大约在 2000 年前，中国人发明了茶杯，但当时并没有发明用来支撑茶杯的东西。随着茶在亚洲的普及，茶壶和茶杯也传播开来。13 世纪，咖啡由埃塞俄比亚经也门到达中东地区，人们便开始用茶杯来饮用咖啡。到了 17 世纪，意大利人将咖啡和用来饮用它的杯子一同带回欧洲，欧洲人终于与茶杯相遇，但这时的杯子依然是没有杯托的。

中国人发明茶杯是为了喝茶，他们从未想过要在里面加糖、加牛奶。对于用茶杯来喝咖啡的人来说，情况就不一样了。欧洲人虽然在茶和咖啡的传播方面很有想法，但加糖并不是他们的创意。这个创意来自阿拉伯人。在发明咖啡的时候，阿拉伯人就已经将糖作为了咖啡的配料，但由于他们的咖啡是熬出来的（即今天的土耳其咖啡），所以为了避免沉淀在杯底的咖啡浮起来，人们不会对其进行搅拌。欧洲人很快就决定要将咖啡进行过滤，这样不仅方便加糖（偶尔也会加酒），而且便于搅拌。

加牛奶则是从德·拉·萨布利埃夫人（Madame de la Sablière）开始的，此人是拉·封丹的保护人。她的茶杯都是远渡重洋、绕道非洲运来的中国瓷器,异常珍贵。她认为,在杯子上滴一滴冷牛奶有助于陶瓷的保养。由于她的沙龙是巴黎当时最热闹的沙龙之一,她的做法也就传播开来,一直传到英吉利海峡的另一侧。杯托也随之流行开来。毫无疑问,这是为了迎合启蒙时代初期贵族沙龙的风尚。端起茶杯后,贵族们,特别是贵妇们,要保持上身挺直,将杯子送到嘴边。杯托既可以防止杯中的液体洒到外面,同时还能够当作勺子的支架。

要追溯杯托更早的源头,那就要说到另一种饮料:热巧克力。西方的殖民主义者最初从阿兹特克人那里知道了可可豆,当时便觉得它味道苦、颜色深,让人不由得联想到大便,对它没有一丝好感。16 世纪中叶,中美洲的一个人产生了将可可豆与甘蔗 [1] 的提取物结合起来的想法,巧克力饮料由此诞生。此人的名字并没有流传下来,但他着实做了一件大好事。很快,这种饮品受到了西班牙人的追捧。受到美洲印第安人的启发,欧洲人最初用一种体形庞大的粗陶器皿来做杯子,后来又发现印度洋的椰子也可以用作容器。为了便于使用,人们对椰子做了一些处理,比如在椰

---

[1] 甘蔗原产自印度,在哥伦布第二次航行时被带到美洲。

子上套一个特制的金属边，以免嘴唇碰到椰壳等，但始终没有解决椰子放不稳的问题。在这种情况下，曼塞拉侯爵——后来的新西班牙总督（1639—1648）根据椰壳底部的形状发明出了中心凹陷的碟子，使椰壳具有了稳定性，珍贵的热巧克力终于不会在搅拌的过程中洒出来了。

18 世纪中叶，巴黎出现了一种极端的茶杯套装。其杯托深深凹陷，完全套在茶杯底部，即便是震颤患者也可以用它来享用咖啡、茶或热巧克力。包括塞夫勒在内的大多数知名瓷器工厂都曾生产过这一款式，但到了 19 世纪，这类茶具就从市面上消失了。与此同时又出现了一股新潮流：专为保护小胡子所设计的，带有内沿的杯子。我们在 19 世纪末的老照片中见过不少令人印象时刻的小胡子形象，能够使小胡子不沾湿的"胡须杯"也算是应运而生，但这股浪潮到 20 世纪就消退了。如今的男性似乎又有了蓄须的兴致，"胡须杯"再度回归也并非毫无可能。

中国从 2000 年前就一直使用没有杯托的杯子，但到了 18 世纪，杯托还是进入了中国人的世界。清朝的乾隆皇帝喜欢古玩，他最喜欢的是璧。这种玉器产生于公元前 3000—前 1000 年，是一种中心开孔的圆盘，其用途至今仍是未解之谜。他认为他特别喜欢的一块璧（现存于大英博物馆）就是茶碗的底座，并将这种想法写在了诗中。其实茶碗"受之有愧"，因为它的产生要比玉璧晚得多，不过这至少说明中国人在清朝时期就已经接受了杯托的存在。

一草一世界

修剪草坪似乎是一件无关世事的家务活。它那么稀松平常，以至于人们往往不会意识到它的奇怪之处：精心打理门前的绿地，严格地控制高度，耐心地除去杂草，只为了眼前能有一片绿，这合理吗？这种带有强迫症的审美取向不仅出现在气候潮湿、青草可以自然生长的温带地区，也出现在连淡水资源都紧张的干旱地带。最早开始种草的是西方国家，今天，凉亭边、楼宇旁、运动场甚至有轨电车的轨道上都是一片翠绿，种植草坪已经成为一种世界性的生活习惯。

几乎所有出现城市的地方都在同一时期出现了花园，至少在旧大陆是这样的。作为人类征服自然的一种象征，花园有着多种多样的表现形式。中式花园和日式花园虽然都以植物为主，但相较于西方更重视山石的布置。他们自古就喜欢栽种松树（长寿的象征）、樱桃树、杜鹃、山茶树等，但很少修建花圃，大面积的草坪就更少见了，如今的花圃和草坪是受西方影响而产生的。而从伊朗到欧洲，几千年来，草坪一直是"大西方"的一种体现。在相对较为干旱的地区，拥有一片绿地意味着水与植被都可以为我所用，也就标志着人类成了这片土地的主人。

以绿地为主的花园最早出现在别墅区，中世纪时传入了修道院。塞维利亚的伊西多尔（Isidore）[1] 是早期的基督教教父之一，对教会的影响非常深远。他坚持认为，修道院中的花园应该区别于菜园，那是冥想的地方，连接着尘世与上天。另外，草坪不应杂乱无章而应整整齐齐。从公元 5 世纪的高卢基督教作家、主教西多尼乌斯·阿波利纳里斯（Sidonius Apollinaris），到 13 世

---

[1] 地理学家都非常熟悉 TO 地图，而伊西多尔就是 TO 地图的主要创始人。

纪的德国天主教多明我会主教、哲学家艾尔伯图斯·麦格努斯（Albertus Magnus），许多人都对精心修剪的草坪大为推崇。中世纪末期，最著名的农艺学著作之一、彼得罗·克雷森兹（Pietro de Crescenzi）的《农益书》专门介绍了养护草坪的方法，使草坪成了一个能够用于宴饮娱乐的场所。该书现存的手抄本有133本之多，足见它在当时有多受欢迎。事实证明，只要技术到家，用镰刀修剪出来的草坪比维多利亚时期最仔细的园丁的作品也毫不逊色。

欧洲的花园总是大面积地铺设草坪。19世纪，人们开始经常性地开展户外运动，草坪便成为最主要的运动场所——谁也没有想到这个选择会给未来的大型体育场馆带来大量的工作。在草地上进行的槌球游戏逐渐演变为高尔夫球，这项运动无疑是常青草坪能够传播开来的主要原因之一。网球的本名就带有"草坪"的含义。它最初被叫作 lawn tennis（草地网球），其中 tennis 来自法语词 tenez，意思是"接着"，而 lawn 的本意是指"林中空地"。然而今天，只有英国的网球锦标赛仍在草地上举行。法国网球公开赛使用红土球场，因为英国球员指出戛纳的气候非常不适合铺设草场，于是草地在 1880 年被换为了红土。所以说，体育竞赛和户外集体运动的国际化也是草坪普及开来的重要原因。

如今，因为草坪耗水量大而且没有任何粮食产出，有人提出不应该大面积地铺设绿地。但是，在担忧青草消耗水资源的同时，环保主义者们也应当注意到，草场能够有效地吸收二氧化碳。还有一件事情非常有趣：洛杉矶的盖蒂博物馆在 44 万平方米的草地上放了一群羊，这样就可以少用割草机，将机器的污染降到最低。

与印度毫不相干的科罗曼德尔漆器

在18 世纪的欧洲，大户人家都喜欢在家具的表面嵌上一层"科罗曼德尔"镶板。这种镶板以木板为内芯，其外首先包裹有一层上等布料，然后被刷上用植物胶与细页岩粉混合而成的涂层，再覆盖以数毫米厚的清漆，多为黑色，也有的是褐色或红色。匠人们会在清漆上雕出各式各样的花纹，还会为其上色，有的还会在上面贴上金箔。这类漆器是典型的中式风格家具，并非出产自印度。然而在为其命名时，最早将其引入欧洲的英国东印度公司却选择了印度德干半岛东海岸的名字——"科罗曼德尔"。

漆器最初是作为屏风到达欧洲的，最多的有十二扇，高达 3 米。中国的深宅大院容易出现穿堂风，所以自古就有使用屏风的传统。康熙年间（1661—1722），清政府将可以折叠的大型屏风作为礼物送给外国人，外国人送给中国朝廷的物品被视为"进贡"，清政府并不认为这是国际贸易的一部分。正是在这一时期，西欧人在印度开设公司，取代了葡萄牙人远东贸易霸主的地位。曾经的葡萄牙对香料最感兴趣，所以当时的活动范围集中在东南亚地区，后来荷兰的东印度公司也走了这条路，同样取得了成功。英国和法国起步较晚，又恰逢莫卧儿帝国开始瓦解，所以做出了在印度半岛活动的现实选择。而正是在印度科罗曼德尔海岸的港口，英国商人以及后来的法国商人遇到了载有珍贵雕漆屏风的中国商船。

欧洲房屋里的穿堂风不比中国小，因此雕漆屏风很快就赢得了市场，这股热潮一直持续到 19 世纪。但从 18 世纪开始，也许是因为建筑师越来越注重房屋的舒适性，屏风越来越多地成为高级木质家具的装饰物。人们将其切割开来，大量镶嵌于五斗橱表面，有时也用它来装饰大门或衣柜。由于这类中式漆器上雕刻的人物大多丰满圆润，在 18 世纪，法语中出现了"屏风上的中国人"这样一个短语，代指真实生活或绘画作品中欢乐、丰满的人物形象。当然，这个短语中的"屏风"指的就是科罗曼德尔雕漆屏风。

卓别林的"淘金记"

黄金：全球化的开路先锋

每一座北美原住民博物馆都陈列着用小珍珠制成的饰物。不少"印第安纪念品"店也将类似的小玩意作为饰品出售。可它们真的是首饰吗？或者说从一开始就被当作首饰吗？对很多社会群体来说，积攒物品首先是为了积累财富，只是各地的方式有所不同而已。如果攒的是珍珠，那么珍珠就具有了价值储藏的功能，这也是后来金属货币的主要功能之一。美洲其他地区通常将稀有羽毛作为财富，也有的地方选择了可可豆荚。可见，世界各地几乎都有了货币，但货币的实质却因地而异。价值的载体可以是贝壳，也可以是用某些骨头或石头制成的物品，还可以是特定的羽毛、种子等，重点在于这个载体要具有稀缺性。

16 世纪以前，只有少部分地区用不太容易获得的金属来衡量价值、象征财富，即金、银、铜等。从地中海到中国海域，包括地中海世界（以及后来的欧洲）、新月沃土、伊朗、印度、中亚、东印度群岛、中国及其周边国家（韩国、日本、越南）在内的各个国家和地区都有相互往来。几千年间，人员、思想、技术、微生物、病毒，当然最主要的是商品，都在旧大陆的这条轴线上展开广泛交流，为全球化埋下了伏笔。贸易需要以统一的价值标准为前提，而所谓的"贵金属"至少在有文字记录以来一直扮演着这个角色。

商贸活动当然存在地域差异，经验丰富的商人也善于利用这一点。但从大西洋到太平洋，在北纬 20° — 50° 之间的区域，银、金、铜是最受欢迎的，偶尔人们也会接受锡，因为这些金属都可以转化为真正的财富。但在其他地区，由于这些金属相对较软，而且不以合金的形式存在，不适合制成工具或武器，所以人们虽然掌握了相应的冶炼技术, 但并没有对其表现出太大的热情。与钢铁冶炼相比, 熔化或加工金银都不需要太高的温度。很多地方利用金银的这个特点制造出了光彩夺目的工艺品, 比如美洲印第安人 (尤其是印加人) 的珠宝饰品和文化器物就享有盛名。问题在于, 仅靠冶炼只能获得少量的金银, 无法满足人们将其作为贵金属的需求。

在旧大陆的轴线上, 凡是以贵金属为货币的地方, 矿藏开采行业就会比其他地方要发达得多, 已有的矿藏资源也会最先被耗尽。寻找新的矿藏于是便成为去别处看看的最主要的动机之一。在很长一段时期内, 撒哈拉沙漠的另一边和连绵起伏的非洲高原 (神话般的莫诺莫塔帕) 都是 "发现之旅" 的目的地。当哥伦布从加勒比海地区回国复命时, 矿藏的有无当然也是他的一道必答题。对于 16 世纪的所有殖民者来说, 财富一直是他们最大的动力。

就这样, 总能让人们蜂拥而至的金矿、银矿为全球化拉开了序幕。最早出现欧洲移民的地方, 也就是今天的热带地区, 最先出现淘金热、挖银热。温带、寒带地区后来也都未能幸免。人们可能对 1848 年的加利福尼亚淘金潮最为熟悉, 但在此之前, 波托西银矿、塔斯科银矿、萨卡特卡斯银矿早在 16 世纪就轰动一时，另外还有 18 世纪的米耐斯格莱斯金矿以及后来的加拿大[1]克朗代克金矿等（卓别林曾就这一题材拍摄电影《淘金记》）。谁知道呢，也许人类在火星上也能挖出金子来！

---

[1]　此处原文为"澳大利亚"，经查证有误。

钢铁的徜徉

钢铁的徜徉

冶炼金属的历史大概可以追溯到旧石器时代。自从学会了用火，人类就发现一些特殊的石块会在几百摄氏度高温下熔化（锡的熔点为 232℃，铅的熔点为 327℃），随着温度降低，熔化的石块又会凝固，变为与其所在的坑穴相一致的形状。分散在不同地域的社会群体纷纷开始对三种最容易获得的金属——银（962℃）、金（1064℃）、铜（1083℃）——进行加工。通常，这类金属并不需要完全熔化才能被加工，只要软化一些就可以了。

但金银既经不起反复磨损，也经不起撞击，所以不能作为工具或武器来使用。因其具有良好的延展性和光泽感，往往被做成首饰、装饰品、餐具等。美洲印第安人的很多部落就是这样，他们的金银制品遭到了殖民者的疯狂掠夺。

若想对硬度更大的金属和合金进行加工，就必须掌握获取高温以及长时间维持高温的技术，掌握窑或炉的使用方法。公元前4000年，两河流域、埃及、印度河谷地区首先开始加工纯铜，后来又开始加工含锡量约10%的青铜。这一创举说明当时对火的使用达到了更高的水平，这应该与当时制陶技术的进步、陶瓷窑的改良是密不可分的。青铜的产生引发了重大变革。尽管在后来相当长的一段时间里，石器仍被作为工具和武器来使用，但从地中海到中国，经济、战争乃至社会结构都因青铜剑、青铜镰刀的出现一点点地发生了变化。

然而，以金、银、铜为主的矿石是很少的。相比之下，尽管最早被人类加工的铁无疑来自陨石，但铁在地壳中的含量高达5%，存在形式多样。单凭一把火或是一个普通的窑是无法将铁矿石烧至足够软的，更不用说将其熔化了。一般认为，最早发明炼铁术的是印欧人。人类进入公元后第二个千年不久，印度的北方邦就开始用这种方法炼铁，赫梯人在 15 世纪前后将其引入地中海东部地区。当然，并不是说世界上所有地区的炼铁技艺都是一脉相承的，西非的杰内—杰诺就有一套自己的办法。当地特有的炼铁技术已有两千多年的历史，不可能是从埃及传过去的。近年来在中非共和国的考古发现可能会将非洲的冶炼史再向前推移 1000 年左右，但这一看法目前还存在争议。

西亚的炼铁术在整个旧大陆缓缓传播开来，从地中海到日本都能找到它的印记。在传播过程中，古老的技艺被各地人民不断改造。起先，人们将铁矿石放在温度达 900℃的熔炉里，制出了可以锤炼的海绵状块炼铁。战国时期，中国人利用装有风箱的熔炉最早制出了生铁。在印度，人们进一步升高燃烧温度，率先发明了炼钢术。在该国南部的西高止山脉中，夏季风穿过狭窄的山谷后风力变得更强。聪明的冶金工人受到启发，用陶土制成漏斗，将更大的气流送入熔炉，熔炉内的温度达到近 1500℃。中国水力风箱的改良降低了对场地的要求，使炼钢术的广泛传播成为可能。就这样，炼钢技术来到了西亚。也正是在西亚，欧洲人第一次见到了这种经过改良的铁，将其命名为 damas。这个词原本是指产于大马士革的绸缎，为它赋予"钢"这个含义无疑是因为钢有着绸缎一般的光泽。钢铁冶炼技术传入西方的历史是从阿拉伯国家开始的，在那里诞生了古老冶金传统与东方新技术相结合的产物——著名的托莱多钢。欧洲人随后也对炼钢工艺进行了改良，并借助十五六世纪的航海探索将其进一步传播。16 世纪，在日本内战的大背景下，经过赫梯人、印第安人、伊朗人、中国人、阿拉伯人、欧洲人改良的炼钢技术传到日本后大受欢迎，日本武士刀就是在这个时候最终定型的。

皮草：全球化的前哨

《**黄**金：全球化的开路先锋》一文重点讲述了淘金者在全球化进程中起到的引领作用。但另外一群人比他们更早地开启了全球化事业，这群人就是捕捉毛皮兽的猎人。猎人比淘金者孤独得多：相比于寻找天然金块和矿脉，围捕多疑的野兽需要加倍小心。猎人们要壮着胆子深入到最人迹罕至的地方，比如北方的茫茫林海就是他们最主要的狩猎场。泰加林带以及加拿大的森林都很少有人居住，猎人在那里几乎不会遇到同类。去捕猎的大多是森林中的狩猎采集者。自从他们发现远道而来的南方商人愿意用高价换取动物皮毛的时候，便开始了这项活动。在亚欧大陆，一些土著民族将捕猎变为了自己的专长，那乃族就是一个例子。俄国军官、地理学家弗拉基米尔·阿尔谢尼耶夫（Vladimir Arseniev, 1872—1930）在 1921 年出版了一部著作，讲述了他的朋友德尔苏·乌扎拉（Dersou Ouzala）的故事，这位朋友就是那乃人。1975 年，黑泽明将这个故事搬上了大荧幕。在加拿大，易洛魁人很快就发现了欧洲殖民者对皮草的贪恋——一张上好的毛皮能够抵得上穿越大西洋的费用——但真正深入到西北地区进行围猎的主要是法国人和印第安人的混血后代，他们的狩猎活动也使人类对地球的了解又增进了几分。

事实上，出产珍稀皮草的地方都是世界贸易极少触碰的地方。热带地区确实也栖息着一些因为皮毛而被人类追逐到此的野兽，如猎豹、老虎、金钱豹等，但人们更喜欢来自北方丛林的哺乳动物的皮毛。这些动物的体型通常比热带动物的体型小得多。为了抵御西伯利亚或加拿大的严寒，它们进化出了厚实的皮毛。猎捕行动一般在冬天展开，那个时候动物的皮毛最好看，但寒冷的天气加大了狩猎的难度，因而皮毛的卖价也会更高。猎人们最想捉到的是紫貂，它的黑色皮毛上零星点缀着白色的斑点，显得雍容华贵。此外还有白鼬（其毛色到了夏季会变为棕色）、白狐以及更为稀有的西伯利亚黑狐。泰加林带还生活着一种灰背白腹的松鼠，有的时候人们只选用其背部的毛皮，但更多的情况是将其背部和腹部的毛皮拼接起来使用。在新法兰西，海狸毛皮最受欢迎。虽然它的针毛具有很好的光泽度，但人们用到的其实是它的绒毛。海狸的绒毛非常容易黏合，能够制成极美的毛毡，而用毛毡制成的帽子在欧洲能卖出很好的价钱。卜正民（Timothy Brook）曾著书讲述 17 世纪全球化贸易的兴起。在书中，他将魁北克森林作为起点，最终将目光落到了欧洲富豪的头顶，这本书就叫作《维米尔的帽子：17 世纪和全球化世界的黎明》[1]。

欧洲人从十五六世纪起四处远航，而皮草的世界贸易在这之前就已经开始了，其范围集中在亚欧大陆。冬季的狩猎期过后，猎人们便来到林边，在戒备森严的仓库中与南方的商贩们进行皮

---

[1]　读者可参阅由湖南人民出版社于 2017 年出版的《维米尔的帽子：17 世纪和全球化世界的黎明》。——译者注

货交易。对皮货的初加工也在仓库中进行，以防止珍贵的皮草因温度升高而变质。仓库建在去往泰加林带必经的河水之上，后来这些地方基本上都发展出了城市，比如今天的基辅就是这样建成的。如今，人们已经在森林的深处发现了拜占庭、伊拉克以及中国的货币。当时生活在森林中的社会群体肯定是不使用货币的，但是他们也对货币感兴趣，因为这些金属可以用来制作首饰。再往南走，皮草成为了传统贸易的一部分，历史学家莫里斯·隆巴尔（Maurice Lombard）重建了当时的贸易路线。从地中海到日本，皮草都是与丝绸、宝石齐名的高级奢侈品。各地对皮草的加工方法也逐渐传播开来，例如中国喜欢染色，有的地方则会将动物毛与纺织纤维进行混合，阿拉伯海狸呢就是将海狸绒毛与羊毛混合在一起制成的。如今，剥取动物皮毛被视为一种残忍的行为。在全球化的影响下，抵制皮毛制品成了世界的新风尚。

"茶"怎么说

"茶"怎么说?

在西欧,"茶"的发音普遍与"tè"相近,比如法语的 thé、英语的 tea、西班牙语的 té、德语的 tee 等。而在东欧,"茶"则被叫作"tchaï",比如罗马尼亚语的 ceai、斯洛文尼亚语及斯洛伐克语的 čaj、希腊语的 τσάι 等。再向东、向南走,俄语、土耳其语、阿拉伯语、波斯语、印地语中的"茶"也都以"chaï"为词源。但由于历史上的殖民国家主要是西欧强国,所以受西班牙语、法语、英语的影响,"tè"这个发音在世界范围内流传得更广

一些。除了波兰人将茶称为 herbata 之外，几乎全世界都把茶叫作
"tè" 或 "tchaï"。这种饮料仿佛一条经线，将世界分为了东西两
半。然而放眼欧洲，有一个地方却意外地游离于这个语言版图之
外：在欧洲的最西端，葡萄牙人竟将茶称为 "chá"。

　　中国在很长一段时期内一直是茶叶的唯一生产国。随着时间
的推移，邻近的国家也逐渐开始种植茶树。日本的茶道就反映了
中国宋朝的饮茶方式。到 14 世纪，这种将茶打成泡沫状的做法便
不再流行了，取而代之的是我们今天较为熟悉的泡茶方式。在中
国的大部分语言中，茶的读音都是 "tchaï"。但在中国南部的方言
如粤语中，茶的读音则是 "tè"。这个发音来自闽南语，多用于广
东、福建南部一带。茶从这里传播到马来群岛，马来人也就学会
了用 "tè" 来指代茶叶。随着西方国家纷纷在印度开设公司，马
来人便抢先将茶叶卖给了荷兰人以及后来的英国人、法国人。茶
叶贸易将 "茶" 在中国的两种发音带到了世界。

　　茶的叫法其实完全取决于它的来源。对于通过丝绸之路获取
茶叶的地区来说，茶的名字沿用了中国北方的叫法，即 "tchaï"。
西欧的茶叶不属于这种情况。17 世纪末，茶叶在荷兰和英国大受

欢迎，东印度公司便绕过非洲、跨过印度洋，通过海路从中国南部进口茶叶，而这里的茶被称为“tè”。就这样，两种不同的发音先后经由两条不同的路线传播开来。葡萄牙人是在16世纪下半叶来到中国的，这些人以传教士为主，他们想让中国的皇帝信仰基督教。在北京的皇宫里，他们学会了喝茶，同时也将“chá”这样的拼写和发音带回了葡萄牙。

同样也是在西方，在摩洛哥和马格里布大部分地区的阿拉伯语方言中，茶都被叫作 *it-t¯ay* (أتاي) 或 *lat¯ay* (,لأتاي)，阿马齐格语（即柏柏尔语）与之类似，称茶为 atay（ⴰⵜⴰⵢ）。这些发音也属于“tè”这一类，与西欧语言是一致的。而在叙利亚阿拉伯语、黎巴嫩阿拉伯语以及埃及语中，茶的发音则更接近“chaï”（شاي）。经丝绸之路运出的茶到达了地中海东部、阿拉伯世界东部，但并没有到达欧洲西部以及非洲马格里布地区。从12世纪开始，也门与这些地区一直持续着咖啡贸易，茶便很难运进来了。因此，摩洛哥的茶叶并非来自地中海方向，而是由欧洲的商船经大西洋运来。18世纪，运往摩洛哥的茶叶量很少，而到19世纪，川宁、立顿等英国大公司成立后纷纷开始拓展市场，销往摩洛哥的茶叶就多了起来。特别是 1853—1856 年，受克里米亚战争的影响，俄罗斯帝国市场封闭，原本要运往那里的茶叶堆满了直布罗陀的转运仓库。茶叶贸易公司急需找到一个出口，而摩洛哥近在眼前。就这样，地中海西部的人们开始在传统热饮薄荷水中加入茶叶。19 世纪中叶以后，薄荷茶转而成为这一地区的新"传统"。

嘿，甘薯！

甘薯（Ipomoea batatas）的传播过程是一个有趣的历史地理学问题。14 世纪，从印度洋到太平洋再到加勒比海，到处都种植着甘薯，只有亚欧大陆的西部以及非洲地区还没有这种作物的存在。印度人完全掌握了甘薯的习性，以至于人们一度以为甘薯最早起源于印度半岛。然而在 20 世纪，考古学家提出，甘薯来自美洲。有两个地方最有可能是它的原产地，一个是奥里诺科河下游地区，另一个是秘鲁和厄瓜多尔的沿海地带。也就是说，虽然很多植物、动物、微生物都是随着欧洲的航海探索而得以走向世界的，甘薯却早在"哥伦布大交换"[1] 之前就已经传播开来了。

当甘薯来自美洲的观点被人们接受之后，其传播究竟是人为造成的还是自然发生的就成了新的焦点。持前一种观点的人给出的理由是，波利尼西亚人在向东扩张的过程中曾到达美洲——与之反向的迁徙猜想没有可靠的科学依据[2]。支持后一种观点的人则认为，早在人类出现之前，植物就可以依靠漂浮的种子完成传播，人类观察到的只不过是甘薯在世界范围内广泛种植、在局部地区品种一致的现象而已。最近几十年，人们更倾向于肯定人为因素的作用。因为在波利尼西亚的各种语言中，人们都用 kumara 一词的不同变体来表示甘薯。而在印加帝国的主要语言盖丘亚语中，甘薯被叫作 kumar。这应该不是巧合。

然而在 2018 年 4 月 23 日，牛津大学的一个植物遗传学团队在业界重量级期刊《当代生物学》上发表了一项研究结果[3]，指出

---

[1]　这一说法由历史学家阿尔弗雷德•W. 克罗斯比（Alfred W. Crosby）提出。

[2]　有人曾提出太平洋的居民来自美洲，托尔•海尔达尔（Thor Heyerdahl）甚至在 1947 年试图用康提基号帆船证明这一点。

[3]　Muñoz-Rodríguez, P. et al., 2018. Reconciling Conflicting Phylogenies in the Origin of Sweet Potato and Dispersal to Polynesia. *Current Biology*, 28(8), pp.1246—1256.e12.

甘薯传入太平洋地区要比人类进入波利尼西亚早得多，甚至比美洲大陆出现人类足迹还要早。这一物种可能在一百多万年以前就已经发生了基因分化。科学家在西太平洋和马达加斯加发现了一个美洲没有的甘薯变种 Ipomoea littoralis，但它可能是 110 万年前由美洲的另一种甘薯 Ipomoea lactifera 变异而来的。这个结果成为波利尼西亚研究界的爆炸性新闻。但人为因素的观点似乎也是有根据的。人类目前了解的都是广泛种植的甘薯品种。这一物种的适应性非常强，分化出了很多亚种，从一开始就存在很多品种的可能性是很低的。也正是因为它的适应性强，无论是在夏威夷火山的高海拔干旱山坡上，还是在新西兰的温和环境中，甘薯都能正常生长，成为相当一部分人的基本口粮。人类学家塞尔日·迪尼（Serge Dunis）发现，从美洲到东亚地区，甘薯的传播与神话结构的传播具有一致性 [1]。

如今，甘薯已经遍布世界，或者说除极寒地区之外，各地均有分布。中国的甘薯产量遥遥领先于世界各国，几个非洲国家位

---

[1] Serge Dunis, 2016. *L'île aux femmes*. Paris: CNRS éditions. 主要参见第三部分：神话与反诘：从复活节岛到南美，不寻常的甘薯 (pp. 255—341)。

列其后。甘薯的药用价值正逐渐被人类所了解，尤其是它的叶子含有丰富的酚类化合物。无论它背后有着怎样的历史，甘薯始终是一个特立独行的物种。它的传播在地理上集中在太平洋地区，摆脱了以欧洲为核心的俗套。

周游世界的水果之王

周游世界的水果之王

法语中的 ananas（菠萝）一词来自瓜拉尼语 [1]。事实上，菠萝
确实产自美洲，其原产地很可能是今天的巴拉圭。图皮族
印第安人将这种水果带到了北方，并称其为 nana，意为"果子"或
"香气"，于是 ananas 的意思就是"有香气的果子"。安的列斯群岛
上的居民都是南美洲迁移而来的，他们自然也就将菠萝一起带了过

---

[1]　瓜拉尼语主要使用于南美洲，是巴拉圭的官方语言之一。——译者注

去，欧洲人就是在这座岛上第一次品尝到菠萝的美味。1493 年，哥伦布在第二次航海时最先对菠萝进行了描写，说菠萝与松果相像只是个头是松果的两倍，而且味道极佳。法国旅行家让·德·莱维（Jean de Lévy）最早将菠萝的果实带到欧洲，并将它献给了查理五世。然而，看到它不太新鲜的样子，查理五世并没有品尝。17 世纪初，活跃于美洲大陆的荷兰人终于将菠萝这一物种引入欧洲。

在接下来的一段时期，菠萝一直是一种稀缺水果。尽管人们在温室中成功培育出了菠萝植株，但它的种植成本非常高，产量却极低。1672 年，英国结出了第一个菠萝果实，人们把它献给了国王查理二世。如今，在维多利亚与艾尔伯特博物馆的一幅油画中，我们仍然能够看到当时的场景。法国国王路易十四为了取悦曼特农夫人，命人在舒瓦西勒鲁瓦城堡的温室里种植菠萝。路易十五本人就是菠萝爱好者。他在位时，凡尔赛宫的皇家菜园有效提高了菠萝的产量。菠萝的稀有本就决定了它必然会登上王室的餐桌，其顶部如王冠一样的形状更是让人们觉得菠萝天生就是属于王室的。1667 年，迪泰特神父（Dutertre）[1] 写道："它是水果之

---

[1] 此人记述了法国人进入瓜德罗普岛的历史。

王，因为上帝为它戴上了王冠。"

欧洲人在加勒比海地区学会了如何种植菠萝（其根部一定要种在小土堆上，切忌潮湿），很快便将其传播到了其他热带地区，特别是锡兰、马斯克林群岛以及爪哇岛。1790 年，夏威夷群岛也开始种植菠萝。脱离了美洲大陆，没有了美洲的蜂鸟，菠萝反而更加美味。这是因为蜂鸟能够为菠萝授粉，而授粉后的菠萝果实就会长出果核，对于人类来说，这样的果肉就不那么好吃了。我们吃的菠萝都是没有种子的，其植株通过扦插来繁殖。但是，由于菠萝果实的保鲜期只有短短数周，当时的欧洲人根本没有机会吃到热带菠萝。

19 世纪末，菠萝终于被摆上了温带地区普通家庭的餐桌，这主要归功于菲律宾、夏威夷、泰国、哥斯达黎加、科特迪瓦几个国家从 1892 年开始先后发展起的菠萝罐头产业，当然冷藏船的问世也起到了重要作用。20 世纪 80 年代，冷藏货运飞机得到普及。从此，菠萝和芒果一起作为新鲜水果被大批量摆上货架。今天，尽管头戴王冠，来自热带的菠萝已然成了一种大众水果。

笼头与马镫

　　些植物承载着文明。亚洲的稻谷、地中海的小麦、美国的玉米无一不代表着广阔的文化空间。有人可能还会想到块茎类植物，比如原产自美洲、由波利尼西亚人传播开来的甘薯，再比如木薯、薯蓣以及马铃薯。动物同样承载着文明。自从罗马人将亚洲的单峰骆驼引入撒哈拉沙漠，撒哈拉地区就再也没能离开它们而存在。但是，对于很多民族来说，任何一种动物对人类生活方式的影响都无法与马相提并论。本书稍后还会讲述北美大草原上的野马，夏延族和苏族两个世纪的繁荣正是来源于此。然而要追溯"畜牧业社会"的缘起，还是得回到旧大陆，因为正是在那里，"畜牧业社会"与"农业社会"明显地区别开来。

　　与其他融入人类社会的大型哺乳动物不同，马很早就被亚欧大陆的人类所熟知。肖维岩洞的史前石窟壁画中就有许多栩栩如生的马。但马被驯化则是很久之后的事情。目前关于马的最早的考古遗迹出现在哈萨克斯坦北部，只能追溯到公元前 3500 年。的确，要同马这么有力量的动物生活在一起，人类首先得发明出控制它的工具，除非只是把它作为食物。所以笼头的出现非常关键。考古学家正是通过牙齿磨损的痕迹推断出了马最早被驯化的时间（同一时期的陶器上也出现了马奶发酵的痕迹）。将一根绳子、一个木棍、一条皮带或是一节铁棍插在马的牙齿空隙里，两端再拴上缰绳，马就可以供人类所驱使了。它们可以被牵着走，也可以拉车，还可以作为坐骑。4000 年前，从埃及到中国，战车为整个旧大陆带来了兵法的变革。与此同时，马的使用还极大地提高了商品的运输速度、扩大了交易规模，各地的人员往来也更加频繁便捷。

　　2500 年前，另一个同样重要的发明出现了，那就是马镫。这项发明很可能也来自草原上的民族。马鞍和马镫（以及马靴、马裤）让马背上的人坐得更稳，同时也大大解放了他们的双手。若是没有这些，印欧人以及后来的突厥化蒙古人，就不可能颠覆旧大陆的人口分布和语言版图。阿拉伯世界的扩张在很大程度上也是马镫的功劳，他们的对手萨珊王朝和拜占庭帝国当时还未拥有这样的物件。在 16 世纪热兵器开始发挥效用之前，以动物（主要是马）为基础的草原民族与以农耕为基础的定居民族轮流成为历史的主导者。而在马的帮助下，定居民族之间的往来更加密切，其中的一个结果便是促进了火药的传播，最终导致了草原民族辉煌历史的终结。

承载文明的驼鞍

征服沙漠的驼鞍

20^{16年}，博物馆之友协会为法国人类博物馆捐赠了一套图阿雷格驼鞍，进一步丰富了该馆的馆藏。早在公元前 1500 多年以前，阿拉伯半岛或中亚地区的人们就已经驯服了单峰骆驼，但骆驼广泛进入军事领域，则要等到公元前 1000 年左右驼鞍被发明出来之后。相比而言，马背略呈弓形，人类很容易将马鞍装上去，而骆驼本身就比较高，再加上还有一个凸起的驼峰，骑到骆驼背上就要困难得多。最古老的驼鞍是架在驼峰上的，同今天的驮鞍类似，如今，游客骑骆驼观光使用的就是这种鞍。但这种骑法不利于控制骆驼，只能将前后两只骆驼拴在一起，由前一只骆驼控制后面的一只，例如驼队就是这样，或者得有一个人走在它的旁边用缰绳牵着它。公元前 5 世纪前后，波斯人将埃及地区的单峰骆驼引入撒哈拉。随着这一物种的普及，大约 2000 年前，撒哈拉沙漠上就出现了放在驼峰前面、用肚带固定的驼鞍，我们今天将之称为图阿雷格驼鞍。有了它，人们就可以坐在骆驼的肩膀上，将脚放在它的脖子上控制它前行。这种驼鞍为操控“沙漠之舟”带来了便利。它不仅鞍尾很高，十字架形状的前桥更是比马鞍高得多（即便是西部马鞍在它面前也相形见绌）。当然，坐在驼峰后面也是可以的。这种姿势的好处是能够获得最大的移动速度，因为人的重量落在了骆驼的后腿上，而后腿比前腿更加强壮。今天阿拉伯半岛上的骆驼比赛就采用这种方式。

图阿雷格驼鞍的发明是一个重要的历史地理学事件。它出现之后，单峰骆驼便不再是单纯的运输工具了，它在战场上也开始发挥作用。由于这种驼鞍使骆驼更容易控制，人们得以将骆驼的速度、耐力和灵活性恰到好处地为己所用。如果没有这项发明，从毛里塔尼亚到中亚一带英勇善战的游牧民族可能根本无法发展壮大。在机械化出现之前，保护沙漠商队、在沙漠外围定居可能也不会产生那么深远的历史意义。

罗马人最先体会到图阿雷格驼鞍的厉害。他们可能是把单峰骆驼带到撒哈拉的人，却没想到有一天会被来自沙漠的游牧民族节节逼退。总体而言，游牧民族和定居民族的此消彼长总会使边缘地带的民族从中获益，正如伊本·赫勒敦（Ibn Khaldûn）在14世纪总结的那样，这种关系是不可再现的。如果没有真正驾驭单峰骆驼，或者说没有发明出图阿雷格驼鞍，随着近2000年来撒哈拉地区的荒漠化程度不断加重，撒哈拉以南非洲只会越发地被孤立于欧洲之外。

西方来客人力车

人力车，十足的西方来客

在系列漫画《丁丁历险记》中，主人公丁丁为了寻找反派平野松成，在上海的街头叫了一辆人力车。对于漫画的作者埃尔热（Hergé）和他的读者们来说，这样的剧情合情合理，因为在当时的上海，人力车是最寻常不过的交通工具。尽管这种认识有些刻板——书中类似的观念还有很多——但《蓝莲花》这个故事仍被看作是全书真正的开始，青年记者丁丁的冒险经历由此成为一个奇幻、连贯的故事。这个故事并不完全是杜撰的。埃尔热本人从未到过中国，他所知道的事情都是他的朋友张充仁（漫画中的孤儿"张"的原型）讲给他的。1934 年，人力车确实大量出现在亚洲地区的城市街头。西方人只要看到车夫拉着小车的画面，就会想到动荡不安的东方世界。但人力车一点也不古老，它进入中国其实是受到了欧洲的影响。

　　这段历史的起点在日本，因为人力车是明治时代（始于 1868年）现代化的产物。用小车拉人的做法并不新鲜，但前提是路面不仅要足够宽阔，更要足够平坦，这样才不会过于颠簸。在明治时代之前，除了步行和骑马之外，人们还会坐轿子出门。轿子没有人力车那么舒服，但是可以灵活地穿梭在小巷子里，也更适应不太平坦的路面。19 世纪末，日本效仿西方走上城市化道路，人力车由东京向全日本普及开来。[1] 到 1871 年，人力车已经随处可见，人们不得不对它的使用进行规范。于是一些人力车公司应运而生，大户人家也有了专属的车子和专职的"司机"。1885 年，法国作家皮埃尔·洛蒂（Pierre Loti）在日本旅居，坐着人力车饱览了日本风光。四年后，

---

[1]　在日语中，人力车的发音为 jinrikisha，英语相应的单词 rickshaw 就是日语演变而来的。

他根据这段经历完成了游记《秋·日》（*Japoneries d'automne*）。他在书中将人力车称作 brouette，但这个词多指"手推独轮车"。法语中表示人力车的单词 pousse-pousse 是 1896 年才有的。

第一次世界大战后，世界得到了短暂的平静，公共交通和汽车行业发展起来，日本人便不再使用人力车了。日本制造商将这种车子出口到了亚洲各国，甚至卖到了马达加斯加（该国的安齐拉贝已成为人力车之都），人力车由此成了西方世界在东方殖民的一种象征。1873 年，上海法租界将人力车引入中国，所以漫画中的丁丁在几十年后的上海坐上人力车的情节是合理的。然而，亚洲人为欧洲人拉车的画面却具有殖民主义的意味。19 世纪末以后，亚洲主义运动更是将人力车看作西方人剥削东方人的象征。1942 年 2 月 15 日，新加坡英国守军向日本军队投降，日本士兵随后便逼迫英国人为自己拉车。如今，人力车成为民俗风情的一部分，只能在一些景区中见到，黄包车反倒因为高度环保又恢复了几分生机，只不过它的这一次兴起出现在西方世界。

共生动物：人类社会的偷渡客

共生动物：人类社会的偷渡客

人类并不是世界的唯一。我们每个人的身上都生活着许许多多的微生物，其中很多是人类赖以生存的有益菌，一些无益也无害，还有一些可能会导致严重的疾病。包括细菌、病毒、真菌、单细胞生物、肠道菌群等在内的微生物不仅存在于人体中，也存在于其他生物的身上。一些生物虽然不能像微生物一样寄生在人类体内，但也必须依附于人类社会才能生存。它们有的只有几克重，有的达到几公斤，但都在演化过程中逐渐适应了人类社会。这种适应现象在新石器时代之后、人类开始定居生活以来尤为明显。这类生物成为人类的共生体，与我们如影随形。

一些动物生活在衣服下、床单上等靠近人体表面的地方，包括跳蚤、虱子、阴虱等。它们基本上已经成了脏的代名词，一定与不讲卫生脱不了干系，涉及的可能是个体，也可能是群体。但是严格来讲，这类生物并不能算作人类的共生生物，因为共生通常意味着一种生物在依靠另一种生物生存时不对其造成损害，而上面所说的这类昆虫不仅会吸血，而且在叮咬的过程中还可能传播疾病。

哺乳动物（鼠类）、鸟类（鸽子、麻雀）以及其他昆虫（蟑螂、蜱螨目节肢动物）则不一样。几千年来，人类的家园已经成为它们最理想的栖息地，甚至是唯一的栖息地。这类生物种群数量的增加、分布范围的扩大总是以人类社会的发展为先导，通常与人口的数量和分布情况存在倍数关系。也就是说，人越多的地方越适合它们生存。事实也证明，城市非常适于共生动物生活。农业的发展，特别是谷仓的出现，使啮齿类动物大量出现在人类的生活中。古埃及人因而将老鼠的主要天敌——猫——纳入了人类社会。今天的自然界既有家猫，也有野猫，二者在外形上非常相近。一些野猫经常出没于人类的花园之中，成了人类的共生动物，但其身份却并不是宠物。

在地球的上一个冰期，人类的共生动物没能跟随人类迁徙到澳大利亚或美洲，因为农田和城市是很久之后才出现的。这就导致在大航海时代之前，也就是世界各地还相对孤立时，鼠类、鸽子、蟑螂都并不是随处可见的。然而当欧洲人踏上发现之旅时，老鼠也就乘着航船传播开来。与此同时，其他大洲的物种也乘船抵达了欧洲。如果说小家鼠在旧大陆传播的历史太过久远，黑鼠的扩散就是比较近的事了。黑鼠最早出现在印度，中世纪才传入欧洲，在传播过程中导致了累及整个欧亚大陆的黑死病。黑鼠既是这场瘟疫最初的受害者，也扮演着传播媒介的角色。今天最常见的褐鼠也来自印度，它主要是通过印度洋贸易活动传播开来的，16世纪由葡萄牙小吨位轻快帆船传到欧洲。不同种类的老鼠很快便跟着哥伦布踏上美洲大陆。其实美洲也有自己的啮齿类动物，如麝香鼠等。

地理学家纳塔莉·勃朗（Nathalie Blanc）的一项著名调查显

示，从来没有人喜欢蟑螂。大多数受访者都不把蟑螂视为昆虫，更没有人认为它是自然界的一部分，只觉得这是一种很脏的生物。然而，老鼠在人们心中的形象却是多种多样的。在中国，老鼠位于十二生肖之首；在印度教中，它是象头神迦尼萨的坐骑，是个非常正面的角色；而在西方，老鼠常常是贪欲的代名词。

圣人与逆贼

公元 7 世纪的布列塔尼圣人与公元 10 世纪萨曼王朝的叛军首领能有什么联系呢？这个问题似乎不太得体，但它确实是一个历史地理学问题，而它的答案要从一件丝织品说起。今天，我们可以在卢浮宫看到这件丝织品的几块残片。尽管人们称其为"圣儒督裹尸布"，但它却没有被放在中世纪早期宗教艺术展中，而是被陈列在伊斯兰艺术馆。

这件丝织品采用了一种极为复杂的工艺，属于著名的中古锦缎；其上有骆驼、大象等图像，图案丰富。其中的骆驼均为双峰，让人联想到丝绸之路。大象的出现则说明其产地在印度附近。这些图案都将这件中古锦缎的故乡指向了波斯北部，即今天的中亚地区。更重要的是，它的上面还织着一句库法体文字："荣光与繁盛属于首领阿布·曼苏尔·巴赫特肯（Abû Mansûr Bukhtegîn）。愿上帝永远守护他。"问题在于，中古锦缎只能由哈里发的工匠们制造，而且仅供哈里发本人使用。这就涉及了一个已经得到证实的历史事件：土耳其人阿布·曼苏尔·巴赫特肯作为军事长官发动叛乱，公然反抗萨曼王朝的哈里发阿卜杜·马利克一世（Abd al-Malik Ⅰ）。这场斗争以反叛军的失败而告终。公元 961 年，巴赫特肯被处决。由此，我们就知道了上文提到的那件中古锦缎的确切的制造时间。

在欧洲，人们用 "samit" 这个词来指 12—15 世纪在意大利制造的奢华锦缎。这种面料不但沿用了东方在公元 8 世纪前后发展成熟的锦缎纺织工艺，而且 samit 这个词的原意其实就是指中古锦缎。意大利锦缎的原材料以上等蚕丝为主，有时还会加入一些金丝。因为要在正反两面同时织出经纱连续穿过纬纱的斜纹效果，它的制作对纺织工人的技术要求很高，而且非常费时。尽管意大利锦缎已经华美非常，但在中古锦缎面前还是相形见绌。这样看来，中古锦缎被作为至尊王权的象征仅供哈里发享用就非常容易理解了，它最初的使命并不是包裹尸体。

那么这件为阿布·曼苏尔·巴赫特肯制作的锦缎怎么会来到法国加来海峡省，又如何成为圣儒督的裹尸布呢？圣儒督的父亲是大不列颠岛多姆诺内王国的国王儒大（Judhaël），该王国大致相当于今天英国的德文郡。儒督为了全身心地投入到宗教事业，拒绝继承王位。他本想去罗马朝圣，但刚踏上欧洲大陆，就被蓬蒂厄的伯爵海蒙（Haymon）留了下来。于是，他便以神甫的身份定居在康什河畔的一个僻静之处。公元 7 世纪，儒督在那里建立了一个修会。他最终还是去了罗马，这也使他被后世尊为主保圣人。公元 669 年前后，回到康什河畔的儒督在修会逝世。他的墓地后来也成为朝圣地，旁边还建起了圣儒督修道院。1134 年，他的遗骨作为珍贵的圣物被人们从坟墓中取出，供奉在圣人遗骸盒中。

很可能就是在这个时候，珍贵的中古锦缎被拿来包裹圣儒督的遗骨，成了裹尸布。提供这件锦缎的人可能是当时的布洛涅伯爵、后来的英格兰国王布卢瓦的斯蒂芬（Stephen of Blois, 1092—
1154）。据史书记载，斯蒂芬出席了供奉圣骨的仪式。他的家族
可能从第一次十字军东征之后就一直收藏着这件锦缎。斯蒂芬的
父亲在第一次十字军东征期间担任了重要的领导职务，但面临安
提阿被包围的局面，他抛下十字军将士回到了布卢瓦。他的妻子、
英格兰诺曼王朝国王征服者威廉之女阿德拉对他冷脸相待，逼着
他重回圣地。1102 年，他在拉姆拉战死沙场，算是弥补了往日的
过错。而就在死前两年，即 1100 年，他曾回家一趟，这件锦缎就
是当时带回去的战利品之一。获得锦缎的地点可能是埃德萨，也
可能是君士坦丁堡。

　　1134 年，斯蒂芬向英国方向靠近。他的舅舅、征服者威廉
的小儿子亨利一世即位后，指定自己的女儿、神圣罗马帝国皇帝
亨利五世的遗孀玛蒂尔达为继承人，但这个决定并没有得到所有
人的拥护。第二年，斯蒂芬借机成为英格兰国王，由此引发了一
场内战。在去往英格兰的路上，斯蒂芬途径蓬蒂厄。为了获得助
力，他向当地的圣人奉上了极为珍贵的献礼。1195 年，人们用朝
圣者献上的香火钱为圣儒督制作了新的银质遗骸盒，但仍保留了

原来的裹尸布。与尸骨放在一起的一张文书提到了这件纺织品：
"in uno involuto caput cum ossibus"（头骨与尸骨被包裹在一起）。
1544 年，修道院遇窃，银质遗骸盒不见了，但里面的东西似乎并
没有全部遗失。法国大革命期间，圣儒督修道院被毁，当地的教
堂接管了圣儒督的遗骨。1843 年的一份物品清单提到了一块包裹
着头骨的裹尸布残片以及一块较大的包裹着尸骨的裹尸布残片。
也就是说，此时的中古锦缎已经被剪开了。

　　1920 年，这件珍贵的丝织品差一点遭到灭顶之灾。在迁移圣
物的过程中，教区神甫大概是认为这块包裹了圣骨几个世纪的布
料价值非凡，于是就将其剪成小块分给他的教民。幸运的是，艺
术史学家卡米耶·昂拉尔（Camille Enlart, 1862—1927）听闻了此
事，并引起了新闻界的注意。法国艺术部长签署法令，要求将这
件中古锦缎送往巴黎鉴定。1922 年，卢浮宫获得了仅剩的三块残
片。值得庆幸的是，这三块残片还算比较大（94 × 52 厘米），如
今陈列于卢浮宫的伊斯兰艺术馆。

野马与印第安人

野马与印第安人

四匹骏马拉着马车冲锋在前，几十个印第安人策马扬鞭呐喊在后：这是约翰·福特（John Ford）执导的电影《关山飞渡》（1939）中的经典画面，也是西部片中最典型的场景之一。这一类型的电影在 20 世纪四五十年代成为热门，《关山飞渡》的主演约翰·韦恩（John Wayne）凭借与福特合作的多部同类作品成为西部片的代表人物之一。在我们的脑海中，印第安勇士的身边总会有一匹刚烈坚毅的骏马。然而在争夺西部的过程中，这个组合只有不到两个世纪的历史（主要在美国南北战争之后）。新石器时代以来，人类与动物并肩作战的情况并不多。

印第安人直到 16 世纪才认识了马，这要归功于西班牙人将马带到了美洲。在上一个冰期，确实有一些马从西伯利亚穿过白令地峡（当时的白令海峡露了出来）到达美洲，但这些马并不是人类带来的。大约在 1 万年前，这些原始动物就消失了。1493 年，哥伦布开始了第二次航海，马从此成为航船上的常客。在攻打阿兹特克时，科尔特斯（Cortez）的探险队带了 16 匹马，这给阿兹特克人留下了深刻的印象，他们起初以为马与骑手是一体的。据估计，16 世纪穿越大西洋的马多达上千匹，其中安全上岸的有近一半。美洲的野马都是西班牙马的后裔，部分混有北非马或阿拉伯马的血统。

在广阔的美洲大陆上，西班牙殖民者只有为数不多的大本营，若要处理好分散在四处的事务，就必须依靠马。养马业在墨西哥北部大规模兴起。牧民们会定期将马集中起来，在它们的身上打下烙印，但是许多马逃过了这一劫。逃走的马就成了没有主人的野马，当地叫作 mostengos 或 mestengos。19 世纪，这个词进入英语，变形为 mustang（野马）。美洲野马起源于亚洲大草原，但广阔的北美大草原也能够提供相近的生态环境，同样适合它们的繁衍。印第安人起初将这些野生动物作为食物，后来发现殖民者用它代步，并且从惨痛的经历中知道了马的能力不可小觑，于是便开始驯马。17 世纪以后，他们学会了骑马，而且他们的马既不配鞍，也不戴笼头。美洲大平原上的生活方式也由此发生了改变。在野马的帮助下，狩猎野牛变得更加容易，以至于一些进入农耕社会的印第安人一度回归到了狩猎采集的生活之中。

1971 年，美国颁布了《野生放养马匹、毛驴法案》。如今，野马已经成了美国和加拿大的保护动物。但由于缺少天敌（只有美洲狮敢与野马一较高下），野马的繁殖速度给当地人带来了极大困扰。环保主义者对此各执一词。一些人认为野马并不属于传统的生态系统，因此不能算作纯粹的野生物种。而美洲印第安人却凭借自身的土著身份积极捍卫野马的野生属性。这个问题至今仍没有定论。

世界尽头的航海图

世界尽头的航海图

欧洲人总是觉得他们历史上的海上探险活动十分了不起，19世纪时甚至为最重要的那几次冠以"地理大发现"之名[1]。其实世界上类似的事件有很多，比如中国人郑和就曾在 15 世纪立下不朽的航海功勋，只是在西方鲜有人提起罢了。但要论被遗忘得最彻底的，则是波利尼西亚的航海家，因为他们的历史没能以

---

[1]　这些活动虽有其伟大之处，但造成的一些后果却值得讨论。

文字的形式保存下来。太平洋横跨2万千米，是地球周长的一半，其间岛屿丛生，岛与岛之间相去甚远，然而几乎每座岛上都生活着南岛—波利尼西亚人。这些喜欢海上冒险的人们不仅找到并占领了极为偏远的岛屿，比如被欧洲人称为"复活节岛"的拉帕努伊岛（Rapa Nui），而且还知道如何从一个岛去往极为遥远的另一个岛。他们对海洋了如指掌。

十八九世纪，开着大船的欧洲人发现驾驶着独木舟的波利尼西亚人总能信心十足地为他们指明方向，前者被惊得目瞪口呆，以为这些人有特异功能。实际上，波利尼西亚人只是将祖祖辈辈积累的知识运用到实践中而已，他们能够"读懂"大海，就像图阿雷格人能够"读懂"沙漠一样。海洋的颜色、气味、海风、特别是海浪都蕴含着大量的位置信息。例如云的形状和颜色就能够反映出它的下方是否是一片环礁。这是因为在白天，沙土和珊瑚的温度会升高，导致其上空出现上升气流，由此便会形成特定形状的云。当礁湖的颜色反射到空中，云朵的颜色就会呈现出细微的变化。夜里的星空同样具有导航的作用，有经验的水手能够根据某些星星的位置找到特定的岛屿。

并不是那个时代的所有波利尼西亚人都能学到这些知识，真正的行家里手是很少的。他们用一些工具来帮助自己记住所有重要的信息，其中特别值得一提的便是航海图。波利尼西亚航海图只是一种粗略的示意图。它以小木棍、椰子树叶的叶脉或竹子为主要原料，是一种用线绳固定起来的网格，上面还镶嵌着贝壳或珊瑚。贝壳代表着岛屿或星星，而木棍通常代表水流、风以及海浪。事实上，当时的波利尼西亚航海家们非常了解大海，他们能够在很远的地方根据海浪的折射现象判断出岛屿的存在，然后在波峰的指引下顺利驶入海港。

英国探险家将波利尼西亚的这种航海图称为木枝航海图（stick charts），它共有三种类型，分别为雷贝里布（Rebbelib）、玛特堂（Mattang）和美途（meddo）。雷贝里布与欧洲的航海图最为接近，通常能够表示出一座群岛的全貌或其中的一部分。玛特堂的尺寸要小一些，它通过海上航线，特别是海浪，告诉使用者如何去往某一特定的岛屿，上面标识出的航向是非常明确的。美途同样针对特定的线路，但主要提供一些描述性的信息。这些航海图在航行中确实能够起到指引方向的作用。每一幅图的问世，往往意味着它的制作者已经成为这条航线上的王者，进入了独木舟大师的行列。但是由于木枝航海图非常不结实，至今已经所剩无几，目前主要陈列于伦敦和巴黎的博物馆中。更遗憾的是，随着西方科学的进步，木枝航海图背后的航海技艺也已经被历史的波涛所吞没了。

亚历山大属于全世界

许多神话都来自真实的历史，只是在流传过程中慢慢走了样。流传范围最广的神话，恐怕要数亚历山大大帝的传奇故事了。从非洲到爪哇岛，没有哪个地方的神话不讲述他的丰功伟业。在不同的文字中，他的名字可能是 Iskendar、Eskander、Rajah Sikander、Segentar、Dhû'l Qarnayn、Djoula Kara Naini……但所有的名字都源自希腊语 Ἀλέξανδρος ὁ Μέγας。公元 2—4 世纪，伪卡利斯提尼斯（Pseudo-Callisthenes）在亚历山大里亚创作了"亚历山大的故事"，后世大部分关于亚历山大的传说可能都根植于此。真正的卡利斯提尼斯（Callisthenes）是亚里士多德的侄子，生于公元前 360 年左右，比亚历山大年长几岁。他以史官的身份陪伴在亚历山大身边，但因为反对亚历山大称帝，在公元前 328 年被处决了。他记载的历史现在只剩下了一些片段。

　　关于亚历山大的故事都是他本人过世很多年后才创作出来的，这些故事越来越丰富，有的成了传奇，而且在不同的地域出现了不同的版本。古叙利亚语的版本衍生出了阿拉伯语或波斯语的版本，这些故事传到印度、马来群岛、暹罗乃至菲律宾后又被进一步改编。尽管目前还没有证据证明亚历山大的故事有中文版和日文版，但人们在亚洲文学中发现了一个名叫 dzo-k'at-ni 的人物形象，而这个名字是从阿拉伯文学中经常用来代指亚历山大的左勒盖尔奈英（Dhû-l-Qarnayn）一词翻译过来的，这个词的意思是"头上长着两只角的人"（"双角人"）。《古兰经》的第 18 章《山洞》引用了亚历山大对抗野蛮人的故事，使用的正是左勒盖尔奈英这个名字。亚历山大将野蛮人锁在铜墙铁壁后面，这道屏障直到末日到来之前才会被打破："他来到两座山之

间，发现山后有一个几乎听不懂话的部落。他们说：'左勒盖尔
奈英啊！雅朱者和马朱者在地球上制造混乱。我们向你进贡，你
能建造一个屏障将我们与他们隔开吗？'他说：'……我在你们
和他们之间建一个屏障。你们拿铁块来给我吧。'他在两山之间堆
满了铁块，然后说：'拉风箱吧。'烈火燃烧了起来，他说：'给
我熔化的铜，我把它浇上去。'"中世纪的一些世界地图专门将
这座铜墙铁壁标识了出来，比如现存于巴黎圣日内维耶图书馆
的《法兰西大编年史》中的地图以及英国赫里福德大教堂中的地
图等。

　　尽管亚历山大的帝国疆域辽阔，但并不像传说中写的那样
从旧大陆的西边一直延伸到东边。伪卡利斯提尼斯的故事由希腊
语被翻译为拉丁语，成为中世纪文学的重要源泉。亚历山大的
名字频频出现在各地君王的传记中。每一位战争统帅都被比喻为
又一位亚历山大。法国最早的关于亚历山大的故事是阿尔贝里
克·德·皮桑松（Alberic de Pisançon）在 11 世纪初用奥克语和
普罗旺斯法语混杂在一起的语言创作的《亚历山大的一生》。一个
世纪后，巴黎的亚历山大（Alexandre de Paris）用十二音节诗体

创作了法语方言版《亚历山大传奇》，"亚历山大体"由此得名。实际上，我们在欧洲能够找到各种语言版本的亚历山大的故事，就连冰岛语也不例外。

　　亚历山大的故事甚至传到了旧大陆的边缘地带——非洲。2012 年，阿拉伯古代文学教授乔治·波哈斯（Georges Bohas）公开了他在通布图的手抄本中发现的《听阿布·阿卜杜勒—马利克讲述双角人的故事》（*Histoire du Bicorna rapportee pary Abou Abdel-malik*）。阿拉伯语版本的亚历山大故事融入了马里著名的武功歌《松迪亚塔》。在曼丁哥语里，亚历山大被叫作朱拉·卡拉·奈尼（Djoula Kara Naini）。虽然发音不同，但亚历山大几乎在全世界始终是伟人的代名词。他的帝国虽然短寿，但在地理位置上从巴尔干半岛延伸到印度河，位于旧大陆的中心，是一神教的原点，这就是他的故事能够广泛流传的原因。[1]

　　"双角人"是一个很有意思的说法。流传最广的一种解释是，

---

[1]　亚历山大的故事有很多版本，这里推荐法国亚历山大学家皮埃尔·布里安特（Pierre Briant）的 *Alexandre. Exégèse des lieux communs*, Gallimard/Folio, 2016。

"角"代表世界的尽头。只有"双角人"才能从世界的一端征战到另一端，征服全世界。也就是说，亚历山大已经成为旧大陆的化身。

D'après Robert McKimson

化假想为现实的塔斯曼

塔斯曼：化假想为现实

科罗内利（Coronelli）的地球仪是法国国家图书馆的一件瑰宝。它较为准确地展现了澳大利亚的版图，并将其标注为"新荷兰"。古希腊以来的地理学家一直以为这片地区属于广袤的南大陆，1688年，欧洲地理学家终于认识到事实并非如此，这要归功于荷兰东印度公司的船长阿贝尔·塔斯曼（Abel Tasman）在1642—1643年的航海发现。

在人们的想象中，南大陆一直延伸到南美洲。荷兰东印度公司便派塔斯曼前去探索，希望能够发现新的宝藏。1642 年，塔斯曼从巴达维亚（今天的雅加达）启程了。为了向南走，他需要顺着信风方向航行，结果向西偏航太多，到达了今天的毛里求斯岛。有人可能由此会想到 2014 年 3 月 8 日神秘失踪的马来西亚航空公司航班 MH370，这架波音 777 的襟副翼在 2015 年 7 月 25 日出现在留尼汪岛的海滩上，与塔斯曼偏航是同样的道理。

　　塔斯曼转头向东驶去，沿着今天澳大利亚的西海岸、南海岸航行，发现了后来以他的名字命名的塔斯马尼亚岛（Tasmanie）。他继续东行，成为第一个考察新西兰海岸的欧洲人。今天，澳大利亚与新西兰之间的海域被称为塔斯曼海。可见，塔斯曼的功绩在这一地区得到了充分认可。1637 年前后，塔斯曼返回了荷兰，荷兰画家雅各布·克伊普（Jacob Cuyp）为他创作了著名的肖像画。塔斯曼的第二任妻子以及他与前妻的女儿也一同出现在画作中。崇敬塔斯曼的澳大利亚人当然将这幅画视若珍宝。该作品首先成为澳大利亚人雷克斯·德·夏兰巴克·南·基韦尔（Rex de Charembac Nan Kivell）的私人藏品，后来被位于堪培拉的澳大利亚国家图书馆收购，现存放于澳大利亚国家美术馆。

画中三个人物的手部动作为整幅作品增加了动感，最左边的地球仪与六只手连在一起形成了一条弧线。塔斯曼手持罗盘，指向地球仪。他的妻子站在中间，正将苹果递给小女孩，小女孩则伸手做出接苹果的姿势。苹果象征着探索世界的收获，小女孩代表着未来。画家克伊普一向以构思巧妙而闻名，这个"由探索走向传承"的构图确实令人拍案叫绝。人们总是倾向于认为画中的塔斯曼将罗盘指向了澳大利亚，而事实上，这幅画的创作时间是在他动身前往澳大利亚之前，一切都不过是后人的想象。

尽管1642—1643年的航行让塔斯曼为后人所铭记，但他的发现在当时几乎没有任何商业价值，因为他发现的主要是海域，而东印度公司感兴趣的却是陆地。塔斯曼后来也就离开了这家公司。1659年，他以普通商人的身份在巴达维亚去世，享年56岁。上文提到的著名油画很可能由他女儿的后代带到了约克郡，随后便一直留在英国，直到著名的艺术品收藏家和经销商雷克斯·南·基韦尔将其收购。此人后来在澳大利亚受封爵位，成为雷克斯·德·夏兰巴克·南·基韦尔。

　　塔斯曼料想不到的是，1954 年，他的名字出现在了华纳兄弟的动画片中：疯狂的塔斯曼尼亚大嘴怪的名字塔斯（Taz）正是塔斯曼的缩写。

当铁轨遇上子午线

19 世纪末之前，每座城市的时间都是当地的钟楼决定的。那时，法国的斯特拉斯堡时间和布雷斯特时间相差 45 分钟，但这并没有什么大碍，因为就算快马加鞭，从一个城市到达另一个城市至少也得十天。电报和铁路出现后，一切就都不一样了，统一的"平太阳时"逐渐取代日晷时间。19 世纪末之前，法国和英国的许多公共场所都显示两个时间，一个是当地时间，另一个是首都时间，火车站尤其得做到这一点。1847 年 12

月 1 日，英国铁路根据格林尼治天文台的时间制作了列车时刻表，在世界历史上第一次对时间进行了统一。十年后，英国几乎所有公共场所都接受了统一的时间，但直到 1880 年 8 月 2 日，格林尼治平太阳时（GMT）才正式成为英国的法定时间。1891 年 3 月 14 日，巴黎平太阳时成为法国（本土）和阿尔及利亚的法定时间。

在领土面积较小的国家，将境内时间进行统一完全不会影响日常生活。以欧洲为例，东西跨度最大的国家也只跨越了 18 个经度，而一个时区为 15 度（地球圆周 360 度 ÷ 24 小时 =15 度 / 时）。但对于广袤的加拿大、美国、俄罗斯等国，就没那么简单了。这些国家同英国一样，当信件往来的速度与太阳东升西落的速度完全不成比例时，时间只是一个数字而已，而铁路公司和后来的海底电报电缆公司却不得不面对时间的问题。人们开始试着将时间统一起来。在这个过程中，有一个人起到了关键作用，他就是土地测量员出身、后来成为加拿大铁路总工程师的桑福德·弗莱明（Sandford Fleming）。弗莱明 1827 年出生于苏格兰，1845 年移居加拿大，后来被封为爵士，1915 年在加拿大去世。从 19 世纪 60 年代起，列车时刻问题就在北美大陆上引发了激烈的争论。每个公司都以自己的时间为准，这导致美国的匹兹堡车站一度同时显示着六个不同的时间。意大利数学家奎里科·菲洛潘蒂（Quirico Filopanti）在 1858 年提出了时区系统，但这个提议直到 1883 年才在北美地区施行开来，弗莱明在其中起到了很大作用。这一年 11 月 18 日，火车站的所有时钟在当地时间中午 12 时统一调整为所在时区的时间，这一天也就成了"双正午日"。

　　1876 年，桑福德·弗莱明提出将时区系统推广到全世界。三年后，他又提出将经过格林尼治天文台的子午线作为日期变更线。在弗莱明的努力下，1884 年 10 月，国际子午线会议在华盛顿召开。会议以弗莱明的报告为依据，对经过伦敦天文台的子午线和经过巴黎天文台的子午线进行了比较，最终决定将前者作为本初子午线。其实除了巴黎子午线之外，法国还曾尝试过另一个方案，即费罗子午线。该子午线经过金丝雀群岛的耶罗岛，在古代，那里被认为是地球的最西端，托勒密将其作为 0° 经线所在地，法国地图自 17 世纪起也沿用了这种做法。法国人花了很长时间才接受了在国际子午线会议上的失败，他们更愿意谈论阿尔让通子午线或拉弗雷切子午线[1]。1911 年 3 月 9 日，法国总算在法律上接受了国际时间，但在文字上依然不甘心：法国时间并没有以伦敦时间为基准，而是"比巴黎天文台的时间晚 9 分 21 秒"。1978 年 8 月 9 日，法国法令终于废止了"巴黎子午线"的提法，并决定在欧洲大团结的大背景下，以世界协调时间（UTC）为基准确定法国的法定时间。世界协调时间其实等同于格林尼治时间，只不过是由巴黎天文台的国际地球自转与参考系统服务局（IERS）计算得出的。

---

[1]　阿尔让通和拉弗雷切都在法国境内。——译者注

哥伦布的两个身体

历史学家恩斯特·康托洛维茨（Ernst Kantorowicz）在 1957 年出版的著作中提出，国王有两个身体：一个是每人都有的肉身，终将死去；一个是灵身，即他的王国。有人可能会说航海家克里斯托弗·哥伦布（Christophe Colomb）也有两个身体。的确，世界上有两座坟墓以他的名字命名，而且两座坟墓似乎都不是徒有其名。

1506 年 5 月 20 日，哥伦布在西班牙巴利亚多利德逝世，并在那里第一次入土为安。13 年后，人们将他的遗体移至塞维利亚，

在卡尔特会修道院（Monasterio de la Cartuja）的圣安娜礼拜堂中
第二次安葬。1541 年，哥伦布又一次穿越大西洋，被安葬在圣多
明各大教堂的一座小礼拜堂中。然而安息对于他来说实在是太难
了。1795 年 7 月 22 日，西班牙与法国签订《巴塞尔和约》，将圣
多明各岛划给了法国。哥伦布的遗骸便随西班牙人一同迁往哈瓦
那——当时古巴还是西班牙的殖民地。1898 年，西班牙在美西战
争后失去古巴，哥伦布于是再一次横渡大西洋返回塞维利亚大教
堂。人们为他修建了一座恢宏的坟墓，这应该就是他最后的归宿
了。史书记载，哥伦布一生四次横渡大西洋，其实算上死后的这
个来回，应该是五次，只是最后的这一趟用了三个半世纪的时间。

只是历史真的是这样发展的吗？多米尼加共和国大概从未认
为自己失去了"美洲的发现者"。据说在 1877 年，人们在圣多明
各大教堂发现了一个装有人类遗骸的铅盒，盒子上写着"Varon
illustre y distinguido Cristobal Colon"（杰出崇高的克里斯托弗·哥
伦布）。多米尼加政府由此断言，早年从圣多明各大教堂挖出、先
后被运往哈瓦那、塞维利亚的遗骸不可能属于哥伦布。1992 年，
在美洲被发现 500 周年之际，多米尼加首都圣多明各的东郊立起

了一座巨大的纪念碑：哥伦布灯塔。1877 年发现的哥伦布遗骸也被庄重地放入其中。该建筑耗资 7000 万美元，由多个拉美国家共同出资建成。它既是一座博物馆，顾名思义，也是一座灯塔，其光芒最远可以到达 200 多公里外的波多黎各。

由此可见，尽管今天的人们会从后殖民主义视角对"航海大发现"进行品评和思辨，哥伦布之墓依然有着重要的象征意义。2006 年，人们对塞维利亚大教堂的遗骨进行了脱氧核糖核酸（DNA）分析。结果表明，如果这副遗骨不属于哥伦布本人，至少也属于他的血亲。但是将他的亲属错认为是他本人的可能性并不大。哥伦布的弟弟巴尔托洛梅奥（Bartolomeo）1514 年在海地岛去世，不大可能被安葬在塞维利亚的那座坟墓中。哥伦布的儿子迭戈（Diego）曾任印度群岛总督，1526 年赴西班牙参加查理五世的婚礼，随后在那里去世。

哥伦布向世人证明，大西洋是可以被跨越的。如果他当年在航行途中逝世、长眠于大海之中，今天的情况也就不会这么复杂了。但是，无法断定究竟大西洋的哪边是他真正的归宿，不正是1492 年美洲被发现以来全球已然走向一体化的体现吗？

共通的寓言

共通的寓言

切斯特顿（G. K. Chesterton）曾说，寓言"可以被认为是人性的启蒙书"。在大部分文化中，无论是书面文学还是口头文学，寓言的形式都大同小异，它们往往篇幅不长，借助人格化的动物形象引申出人生哲理。这种一致性使得寓言故事很容易被不同文化所接受，从而不受地域的限制广泛传播开来。

我们知道，法国伟大的寓言作家拉·封丹（Jean de La Fontaine）在讽刺当时的社会现象时，大量借用了伊索以及其他几位古代作家留下来的故事。他还大方承认自己从一位名叫比尔贝的作家那里摘抄了不少 [1]。在拉·封丹时代，恐怕只有个别博学之士对比尔贝略有耳闻，大部分人根本不知道他是谁，今天更是如此。然而，世界文坛上的许多典故其实都出自比尔贝。"世界"这个词用在这里绝没有夸张的成分：尽管比尔贝是一位印度作家，但其作品的欧洲译本都是从波斯语版本和阿拉伯语版本翻译而来的。

《五卷书》（梵文：Panchatantra）是目前发现的最古老的寓言，至少在书面文学中是最古老的。该书由梵文写成，传说其作者名叫毗湿奴沙玛（Vishnusharman），是公元前 3 世纪克什米尔的一位婆罗门僧侣。佛教朝圣者将这些故事全部传到了东南亚和古代中国。公元 570 年，萨珊王朝的国王霍斯劳一世（Khosro I）命人将《五卷书》翻译为巴列维语（中古波斯语），《五卷书》由此进入西方世界。两个世纪后，伊朗作家伊本·穆格法（Ibn al-Muqaffa）又将其由巴列维语译为阿拉伯语，并将书名改为《卡里

---

[1] "如此循环，比尔贝最终还是可以把少女嫁给太阳"（《变成少女的老鼠》）；"比尔贝讲过发生在恒河流域的一件事"（《国王、鹯鹰和猎人》）；"比尔贝的故事就是这样的"（《乌龟、乌鸦、羚羊和老鼠》）。

来与迪木乃》[1]。这本书如今被认为是阿拉伯语世俗文学的开山之作。中世纪时，阿拉伯语版的《五卷书》传入欧洲。从 11 世纪起，此书的希腊语和拉丁语译本便流传开来，12 世纪的法国女诗人玛丽·德·法兰西（Marie de France）从中获得灵感，创作了很多寓言诗。6 个世纪后，拉·封丹已经有很多西方版本可以参考了，但是最终用到的应该是吉尔贝·戈尔曼（Gilbert Gaulmin）在 1664 年由波斯语直接翻译为法语的版本。

历经千百余年，跨越千山万水，最初的寓言故事有了不少改动，但最大的变化是内容有所增加。最初的结构被不断拆分，历史事件或新的寓言像《一千零一夜》一样嵌套进来，这都使原本的故事更加丰富。从地中海到印度群岛，《五卷书》或以其梵文原名 Panchatantra 流传开来（Panchatantra 的意思是 "包含五个部分的教化之书"），或被称为 Kalîla wa Dimna（Kalîla 和 Dimna 是第一则寓言中两只豺的名字），成为了不同语言、不同文明所共享的文学素材。

---

[1]　目前该书的法文权威译本 *Le livre de Kalila et Dimna* 是安德烈·米克尔（André Miquel）在 1957 年翻译的版本。

如今，从亚洲到欧洲，从恒河到地中海，驱逐与排外、敌对与杀戮仍时有发生。但只要站在历史的长河中回头看看，就会发现我们的文化、我们的根都是一样的。寓言故事通常用一个道理来结尾，这篇文章又有什么不可以呢？

撒哈拉男性常用的蓝色布料由野生木蓝叶制成

说说蓝色

1828 年，里昂工业家让—巴蒂斯特·吉美（Jean-Baptiste Guimet）研发出一种合成群青，其成本仅为天然群青[1]的 1/2500，他也由此获得了大量财富。他的儿子——伟大的旅行家埃米尔·吉美（Émile Guimet）用这笔钱买入了很多外国文物。当时法国兴起了一股东方热，埃米尔·吉美便用自己的名字建起

---

[1]　由青金石研磨而成。

了博物馆，第一家开在里昂（即汇流博物馆的前身），第二家开在巴黎。就这样，一项发明使中亚盛产青金石的地区由盛转衰，同时也带来了亚洲雕塑艺术博物馆的兴起。

19世纪初，这种人工合成的深蓝色着色剂对纺织染料也造成了冲击。纺织工业中的蓝色染料以木蓝为主要原料。木蓝是一种热带灌木，在印度种植了数千年，随甘蔗传播开来。上一篇文章中提到的印度寓言《五卷书》中就有一段豺掉进蓝色染缸的故事。

木蓝的种植首先传播到了旧大陆的西边，后来又逐渐扩展到西非地区。我们在多贡部族邦贾加拉悬崖的岩洞中发现了11世纪的纺织品，上面就有蓝色的图案。1828年，勒内·卡耶（René Caillé）在通布图看到有人采集野生木蓝叶来制作撒哈拉地区的男性常用的蓝色布料。16世纪，木蓝被欧洲人引入西印度群岛。在接下来的一个世纪，这种作物迅速扩散，在圣多明各尤其受到欢迎。欧洲原本用当地种植的菘蓝来生产蓝色染料，法国的罗拉盖、德国的图林根都是菘蓝的主要产区。但由于木蓝的色素含量更高，它的普及也就意味着菘蓝时代的终结。

然而在1706年，柏林炼金术士迪佩尔（Dippel）在实验室中首次制出蓝色合成色素普鲁士蓝，向深蓝色植物色素发起了挑战。但这种蓝色没有靛蓝色的用途那么广，就连后来吉美合成的蓝色也没有完全取代用木蓝制出的天然色泽。随着阿道夫·冯·贝耶尔（Adolf von Bayer）在 1867 年研究出靛蓝的分子结构，化学染料终于在 19 世纪末战胜了植物染料。1935 年，人类合成了酞菁，今天的大多数蓝色墨水和蓝色染料都是用这种化合物制成的。

这些蓝色不仅见证了纺织业的发展，而且贯穿了绘画艺术的历史。19 世纪之前，画家们使用的群青都是用青金石制成的，这是一种极为高贵的蓝色，通常用在圣母玛利亚身上。吉美和贝耶尔让蓝色走下神坛。凡高笔下翻滚的天空以及金黄麦田后面的蓝色山丘都使用了吉美的蓝。不得不提的还有法国造型艺术家伊夫·克莱因（Yves Klein）创造的蓝色。他将一种特殊的黏合剂加入群青中，并于 1960 年 5 月 19 日将合成的颜色提交至法国国家工业产权局，这就是著名的"国际克莱因蓝"（International Klein Blue，简称 IKB）。

野蛮人从何说起？

野蛮人从何说起？

人们常常从游牧民族和定居民族的角度来解读历史事件，我们可以称之为"元叙述"[1]。在这种视野里，罗马帝国和中国封建王朝的衰落所带来的第一个影响，就是限制着野蛮人的堤坝溃塌了。而如果从一种更为严肃的角度出发，历史并不是非黑即白的，少说也得有"五十度灰"。在西罗马帝国的最后岁月里，

[1]　这一概念由法国哲学家让—弗朗索瓦·利奥塔尔（Jean-François Lyotard）提出。

蛮族的影响力日渐增大，这其实是一个缓慢的过程。中国历朝历代在记述前朝旧事时也常常把前朝君王失势的过程一笔带过，把一个朝代的灭亡写成顷刻之间的事情。伊朗和印度北部的史书同样存在这样的现象。

　　要让这种"元叙述"说得通，那就只能存在一种视角，即"定居"民族视角。与之相对的则是一个虚构出来的概念，即"游牧"民族。尽管这是一种夸张的划分方法，但在旧大陆的历史上，确实出现过以畜牧业为专长的社会群体。中亚和西亚的一些大型食草动物纷纷被人类所驯化，比如马、双峰骆驼以及单峰骆驼。公元后初期，罗马人将单峰骆驼带到了撒哈拉沙漠。从此，一些曾经高度依赖农业的社会得以将重心转移到畜牧业上来，这样就有了以农业为生的社会和以畜牧业为主的社会的区分。二者虽然有着明显的区别，但并不一定是竞争或对立的关系。尽管游牧民族会趁农耕民族衰弱之时扩大自己的地盘，但在大多数情况下，双方还是以贸易往来为主。游牧民族会用马匹和皮革制品来换取农业民族的粮食与金属手工艺品。若没有草原上的游牧民族，就不可能建立起骑兵队。最重要的是，游牧民族还扮演着重要的桥梁角色，将分散在各地的农耕民族联系在一起。牧民们能够组成商队长途跋涉，这是任何农耕民族都无法做到的。若没有游牧民族，就不会有贸易往来，人类也不可能在撒哈拉沙漠中穿梭。

然而，游牧民族与农耕民族之间的互补性被《复仇青年》《蒙古王西征记》等影视作品抹去了。一些文学作品甚至在农业社会的式微、畜牧业社会的崛起上大做文章，使"野蛮人""蛮族"越发成了游牧民族的代名词。事实上，在希腊语中，今天所说的"野蛮人"本意是指讲着另一种语言的人，这个词强调的只是差异性而已，并不带有任何感情色彩。

与植物无关的"丛林"

法语中的 jungle、brosse、maquis 都可以用来表示丛林，但后两个词来自地中海地区，而第一个词来自印度北部。这三个词或多或少都有一些引申义。它们的本义是用来表示特定的生态系统，而其引申义却已经远远超出了地理学的范畴。Jungle 和大写 brousse 还与热带殖民地有直接的关联。

Maquis 一词的引申义与原义相差最少。科西嘉岛并入法国（1768）7 年之后，法语接纳了 macchia 一词，并将其变形为

maquis。地理学用它来代指非森林性质、生长较为密集的地中海植物群系。它的第一个引申义便是"错综复杂的局面"。又因为科西嘉岛给人一种浪漫的感觉，这个词后来被用来表示"使人脱离危险的避难所"。在法国被德国占领期间，maquis 一词又多了"远离中心的抵抗之地"的意思。而在切·格瓦拉（Che Guevara）和雷吉斯·德布雷（Régis Debray）的语汇中，maquis 一词是指"游击队"，这个含义已经完全脱离了该词的地理学本义。

Brousse 在英语中对应 bush 一词，本义也是指一种地中海景观。它来源于普罗旺斯方言中的 brousso（荆棘地），被传到西非法属殖民地后，用来表示热带稀树草原景观。19 世纪末以后，它又被用来代指乡下。法语中当然有表示"乡村"的词汇，即 campagne，但在殖民者看来，荆棘丛生的非洲荒野实在不适合这个名字。今天，brousse 出现频率最高的地方是在城际交通工具 taxi-brousse 这个词中。《拉鲁斯常见名词字典》将 brousse 定义为"远离一切文明的蛮荒之地"。英语中的 bush 同样遵循了从地中海到殖民地的传播路线：首先是新西兰，其次是澳大利亚，最后到达南非。

Jungle 一词诞生于被英国殖民的印度，它源自梵文 jangala（直译为荒漠），起初并不指繁茂的森林，而是指非常干旱的植被环境。但在 1777 年，位于孟加拉的英国东印度公司将这个词纳入英语之中，用它来表示残存于恒河和雅鲁藏布江三角洲平原、经常有老虎出没但依旧非常茂密的森林。就这样，jungle 一词的描述对象便从一个相当开放的植被环境转变为一个非常封闭的生态系统。1796 年，该词进入法语，表示赤道地区的繁茂森林，指代范围又大了一些。1894 年，拉迪亚德·吉卜林（Rudyard Kipling）在欧洲殖民的巅峰时期出版了《丛林之书》（*The Jungle Book*），jungle 一词由此得到了更为广泛的接受。

在植物学和生物地理学领域，jungle 和 brousse 一样都没有太大的用处，但在人们的脑海中，jungle 既代表着潮湿的热带自然环境（人猿泰山和金刚生活的地方），也具有令人深思的引申意义。它最常见的用法"丛林法则"（the law of the jungle）不正是在告诉我们弱肉强食的道理吗？与 jungle 不同的是，brousse 一词并没有走出殖民地，它的引申义也没有走得很远。郊区破败的小区可以被称为 jungle，但是不能叫作 brousse，但毒品贩子却可以将其作为 maquis（避难所）。

漂洋过海的流行病

美洲病

15世纪末，欧洲人踏上美洲大陆，引发了历史上最严重的流行病学灾难。据估计，当时的美洲原住民有5000万—1亿人，足足占世界人口的1/5，其中超过3/4死于疫病。这个过程总体上持续了一个多世纪的时间，但在人口密度大的地方情况又要严重得多。比如据人口统计学家推算，印加帝国心脏地带的人口到16世纪末就锐减了90%。不可否认，欧洲殖民者手段狠辣，但削减潜在劳动力是毫无益处的。他们之所以穿越大西洋，首要目标是寻找黄金，其次是获得欧洲无法种植的热带的调味品，特别是蔗糖。经过最初的掠夺阶段后，欧洲人需要矿工和农场工人，而他们只有很少的同胞愿意到美洲定居。若不是因为人力资源的极度短缺，恐怕也不会出现大规模的跨大西洋黑奴贸易。

当时的美洲人非常容易感染天花、白喉和结核病。诸如麻疹、腮腺炎这些在旧大陆都不太要紧的疾病，到了美洲就有了致命性。如果没有大西洋东岸的大流行病助阵，区区几个探险家根本无法迅速打败军力强劲的强大帝国。在征服秘鲁的过程中，流行病甚至起到了"开路先锋"的作用。1527 年，正在今天哥伦比亚境内征战的印加皇帝瓦伊纳·卡帕克（Huayna Capac）突然被一种神秘的疾病击垮，这种疾病可能就是天花。他的继承人尼南·科尤奇（Ninan Cuyochi）以及数以千计的士兵也因此而死去。在两三年的时间里，印加帝国失去了大部分人口，首当其冲的便是与欧洲人交集最多的士兵、商人、宗教人士等。整个社会元气大伤。1531 年，当弗朗西斯科·皮萨罗（Francisco Pizarro）来到秘鲁时，在他面前的是一个病恹恹的、被内战摧残的国度，千禧年末日论让那里的百姓更加惶恐不安。于是，他带着 180 个人就占领了秘鲁。虽然人数不多，但这 180 人都拥有印第安人所没有的抗体。他们的战争是一场并非出于本意却格外高效的细菌战。

致病因子漂洋过海仅仅是"哥伦布大交换"的开始，但后果却不容忽视。一般认为，玉米、木薯、辣椒、可可豆进入旧大陆，小麦、马进入新大陆，都具有积极意义，但疾病从大西洋东岸传到西岸却造成了人类历史上最严重的人口崩塌。17—19 世纪，地球气候变冷，一个主要原因可能就是美洲人口锐减使植被得以恢复（然而这并不是解决当前气候变暖问题的办法）。

交换并不对等：旧大陆并没有被新大陆的病菌所侵袭，或者说没有受到太大的影响。如果历史反过来，欧洲探险家把比黑死病更可怕的传染病带回欧洲，欧洲人口损失总人口的 3/4 甚至更多，那么今天的世界就会是另一番景象了。欧洲人有着同样的流行病基础，这一点正是经过黑死病证实了的，原因在于欧洲各地几个世纪以来一直保持着非常紧密的联系。一代代人在流行病的交融中一路走来，为后代留下了许多抗体。同一时期的美洲人则刚好相反，他们彼此很少接触。

然而有一种病菌是例外的，那就是梅毒螺旋体（Treponema pallidum）。欧洲也有这种病菌，但毒性并不强，考古学家在美洲印第安原住民遗骨上则发现了多处典型的骨骼病变。1493 年，美洲梅毒传到卡斯蒂利亚，随后便在广阔的旧大陆扩散开来——可见哥伦布的水手们曾被加勒比人的魅力所俘获。后来，西班牙士兵踏上那不勒斯的土地，其中就有曾经跟随过哥伦布的水手，所以在 1494 年以后，那不勒斯也出现了梅毒。难怪法国人将这种病称为"那不勒斯病"。他们当然知道究竟是怎么回事，因为意大利人、德国人、英国人、波兰人都称其为"法国病"。传染仍在继续。苏格兰人叫它"英国病"，俄罗斯人叫它"波兰病"。可最应该成为它的名字的难道不是"美洲病"吗？梅毒的学名沿用了拉丁语，出自意大利医生吉罗拉莫·弗拉卡斯托罗（Girolamo Fracastoro）的诗作《梅毒，又称法国病》（*Syphilis, sive Morbi Gallici*）。诗中讲述了一位牧羊人因为侮辱了阿波罗而被罚患上性病的遭遇。

俘获水手或士兵并没有让这种病菌感到心满意足。弗朗索瓦一世和查理五世很可能都被传染过。19 世纪，知识分子们更是饱受其害，很多名人都因患上梅毒而过早地离开了人间，直到今天，梅毒仍活跃在人类社会。

哥伦布真是让人爱恨交加！

记忆的网格

由让·莫伊萨（Jean Moisa）和克里斯蒂安·莫伊萨（Christian
Moisa）创作的两组几乎相同的现实主义雕塑作品在巴黎
郊区的德朗西和达喀尔的戈雷岛分别展出。雕塑刻画了一对夫妇
的形象，其中刻画的丈夫举起了断开的锁链，象征着黑奴制度的
废除和大西洋黑奴贸易的终结。

戈雷岛展出这样的作品完全不令人感到意外。这里承载着人
类社会不堪回首的黑奴历史，很多美洲人，特别是美国人，纷纷

前来参观，他们当中很多人的祖先都是被硬生生地从非洲大地上带走的。与人们想象的不同，戈雷岛在人口贩卖的历史中应该并没有起到太大的枢纽作用，因为岛上没有淡水，就算是在短期内也无法养活太多人。但这一点并不重要，重要的在于铭记。如今，雕塑摆放在 18 世纪的人口贩子尼古拉·佩潘（Nicolas Pépin）建造的奴隶堡旁边，这个选址想来也是最合适不过的。

相比之下，另一组雕塑的位置则令人费解。在历史上，巴黎的德朗西与大西洋黑奴贸易没有丝毫联系，居住在这一区域的撒哈拉沙漠以南非洲移民也不是最多的。但这里曾是法国犹太人的主要转运营，很多人从这里被送到了奥斯维辛集中营。位于德朗西的拉穆埃特（La Muette）廉租房街区被称为死亡的前厅。1939 年，这个尚未完工的住宅区被围上了铁丝网，瞬间就成了牢笼。它起初被用来关押犯人，后来因为地理位置靠近通往东边的铁路，纳粹便将其作为转运犹太人的集中营。在法国押送出去的 7.6 万名犹太人中，有 6.7 万人是从德朗西离开的，其中有男人，有女人，也有孩子。最终只有不到 2000 人活着回来，有的囚犯在德朗西转运营就已经饿死了。这片街区被保留下来，当然也就成为纳粹屠杀法国犹太人的历史遗迹。

　　两组雕像将不同时期的历史联系在一起，构成了记忆的网格。在它们的交织中，更多的回忆浮现了出来。我们最容易想到的是法国在 1990 年 7 月 13 日通过的《盖索法》以及在 2001 年 5 月 21 日通过的《同性恋婚姻法》。不久前 [1]，法国政府又推出了新的法案，对否认亚美尼亚大屠杀的行为进行惩治。在不断重申否认历史丑闻的行为应受到谴责的同时，我们也应关注大众思想碰撞的走向。思想的碰撞应该继续下去。因为交流地越充分，我们越有可能回想起更多的大屠杀历史，而铭记历史终将促使我们与人类社会的过去奋起抗争，不再重蹈覆辙。

---

[1]　2012 年。——译者注

命运相似的草原帝国

草原帝国

在前文《野马与印第安人》中我们已经讲过，由西班牙人引入美洲的马为北美印第安社会带来了深刻的变革，科曼奇族（Comanche）就是一个典型的例子。18世纪初，科曼奇人成了一个自治群体，当时被叫作肖肖尼人，生活在普拉特河沿岸。在狩猎野牛的过程中，他们不断向南迁移，来到阿肯色州和红河一带。这一地区还生活着其他的印第安部落，有普韦布洛人也有犹他人，这些人已经开始以养马、卖马为生了。犹他人将新来的肖肖尼人称为 Comanche，意为"外人、敌人"。后来这个词传到了墨西哥人耳中，就被当作是这群人的族名，"科曼奇"这个名字由此而来。[1] 这个民族以极快的速度掌握了骑马的本领，对经济与地缘政治的发展带来了巨大的影响。

类似的事情同样发生在五大湖以西更靠北的地方，导致了苏族大联盟的形成。苏族的名字 Sioux 来源于奥吉布瓦 [2] 语 Nadouessioux 一词，这个词的意思是"蛇"，可见苏族人也被当作了敌人。作为游牧民族，苏族人一直用狗拉雪橇拖着帐篷四处迁徙。17 世纪，他们发现马在这方面更胜一筹，一度将马称为"大狗"，后来便学会了骑马。同科曼奇族一样，有了马的帮助，苏族人的作战能力和狩猎能力得到了显著提高。

狩猎效率的提高保证了食物的供应，科曼奇族与苏族迎来了人口数量的大幅增加。一些外来人口也补充了进来，其中既包括来自其他部落的移民，也包括从附近虏获的妇女、儿童等。由于

---

[1]　因纽特人之所以还有"爱斯基摩人"这个名字，也是出于同样的原因：阿冈昆人认为他们的北边生活着一群"野人"，因此称其为"吃生肉的人"，这个词在阿冈昆语中的发音就是"爱斯基摩"。

[2]　奥吉布瓦人是生活在五大湖北边的一个印第安部落。

占据着密西西比州西部、墨西哥北部的大草原，科曼奇人不仅从墨西哥抓来大量俘虏，还掌握着北美洲的交通要道，能够对经过这一地区的所有贸易活动进行控制，因而经济获得了快速发展。他们甚至向墨西哥中部的殖民地地区发起了进攻[1]。在另一边，苏族人则掌控着皮草贸易的交通要道。

这个局面从 18 世纪中叶一直持续到 19 世纪 70 年代，不禁让人联想到成吉思汗的大蒙古国。当时的蒙古人也善于骑马，他们同样控制了交通要道，扰乱了定居民族的生活，经历了人口数量的快速增长。尽管科曼奇族和苏族称雄一方的时间要比大蒙古国短得多，它对抗的邻国也要弱小得多，但从地缘政治的角度，我们仍可以将它们的政权视为短暂的草原帝国。然而地图上往往只会显示大面积的殖民领地，特别是在法国探险家卡弗利耶·德·拉萨勒（Cavelier de la Salle）的长途探险之后（1682—1683），从密西西比河到墨西哥湾的广袤大地全部被划为法属路易斯安那领地。法国在美洲最西端建造的防御要塞紧贴着苏族的领地，如苏必利尔湖南边的拉普安特堡（Fort La Pointe）、明尼苏达

---

[1]　Pekka Hämäläinen, *L'empire Comanche*, Anacharsis, 2016.

河上的吕利耶堡（Fort L'Huillier）、密苏里河上的皮埃尔堡（Fort Pierre）等。苏族人之所以允许它们的存在，是因为能够从中受益，特别是能够用动物皮毛换取一些火器。从地图上看，再向南一些的土地首先是英国人和西班牙人的殖民地，后来成了美国、墨西哥。18 世纪至 19 世纪初，科曼奇人势力最盛的时候，他们的领土在地图上依然是隐而不见的。历史学家佩卡·海迈莱伊宁（Pekka Hämäläinen）将这种强大的非定居的地缘政治势力称为"动态帝国"。

科曼奇族和苏族的传奇最终被西方国家画上了句号。两个民族虽然在美国南北战争期间有了喘息的机会，但到了 19 世纪 70 年代，由于社会发生了巨大变革，野牛的数量也越来越少，科曼奇族和苏族的帝国就再无回天之力了。

历史会解冻

历史会解冻

曾经被认为"没有历史"的民族正因气候变暖而展现出更多的历史。科学家从考古学和遗传学的角度对现代人口和古生物化石进行了研究,发现与人类社会的"大部队"联系较少的社会族群有着复杂的迁徙史和分化史。2018年11月,生活在安达曼群岛某个孤岛上的桑提内尔人一时间引起了世界的关注,原因是一位名叫约翰·肖(John Chau)的男子登上该岛的海滩后被杀死了。用死者自己的话说，他去那里的目的是"向撒旦最后的堡垒传福音"。这类社会群体没有形成国家政权（或者说没有形成我们熟知的社会组织形式），人口数量少，聚集度低，其内部因而得以孕育出显著的多样性。（相互之间往来密切的社会则相反，其内部会出现同质化现象。）巴布亚现存的语言超过 800 种。澳大利亚原住民在 18 世纪也有 250—500 种语言，虽然今天仍在使用的已经不足 10 种了。

　　生活环境越是恶劣，社会群体就越稀少，多样性也会越强。这一点在北极发展到了极致。如今，北极成了历史学研究进展最显著的地方。那里自古便人烟稀少，考古遗迹并不多。但北极的气候却让有限的资源得到了极好的保护。近年来的史前遗传学研究表明，美洲北极地区有着非常复杂的人口迁徙史。这里有一个悖论：美洲虽然是新大陆，但美洲北极地区的社会群体较为单一，所以我们对这一地域的了解更多一些；欧洲尽管是旧大陆，但被俄罗斯称为"北方小民族"的北极群体却复杂得多，我们目前掌握的情况反而较少。

　　总体而言，尽管西伯利亚或阿拉斯加的尤皮克人、阿留申人在语言或基因上与加拿大或格陵兰岛的因纽特人略有不同，但整体上具有明显的一致性。而俄罗斯目前列出的北方民族就有40个，分属6个截然不同的语族或语系，涉及满—通古斯语族（8种语言，其中埃文语使用人数最多）、萨莫耶德语族（4种语言）、突厥语族（11种语言）、古亚细亚语系（11种语言，其中的楚科奇语是因纽特语的"远亲"）、斯拉夫语族（1种语言）、汉藏语系（1种语言）以及芬兰—乌戈尔语族（4种语言，其中的萨米语也是生活在斯堪的纳维亚半岛北部的萨米人所使用的语言）。

新大陆的因纽特人与居住在他们南边的印第安原住民毫无关联，而旧大陆的北方民族通常与邻近的南方民族有着血缘关系。维尔姆冰期结束后，在人口相对稠密的欧亚大陆，一些人开始走向北极大地。这是一个复杂的过程，类似布朗运动，但大方向是由南向北的。在美洲，土著的祖先首先穿过白令陆桥踏上美洲大陆，又过了很久，因纽特人才在白令岛至格陵兰岛一带自西向东定居下来，这个过程包括两次移民潮。第一次是大约6000年前古因纽特人的到来。今天，考古学家已经从这段历史中剥离出了连续产生的多种文化。公元7世纪后，随着第二次移民潮的到来，人口数量并不多的古因纽特人逐渐融入新因纽特人群体。这也就是为什么西经 180° 至西经 20° 的极地人口构成较为单一，而东经 5° 到东经 180° 的人口构成则极为复杂。两个区域虽然在地理跨度上非常相近，在地理变迁上却千差万别。

联合国大会在 2007 年 9 月 13 日通过了《土著人民权利宣言》。而该《宣言》真正落到实处的前提，是各个土著民族要构建起自己的历史。这对历史学研究提出了很高的要求，而相对于其他社会群体而言，地理变迁是土著历史中更为重要的一个维度。

｜致　谢｜

本书所载内容最初刊登于地理学会[1]的《地理》杂志上。该学会成立于 1821 年，比柏林地理学会（1828）和伦敦地理学会（1830）的历史更加悠久，是世界上最为古老的地理学会，因而它的名字不需要任何地名的修饰。尽管学会位于巴黎圣日耳曼大街 184 号，但它并不希望给自己贴上"巴黎"或是"法国"这样的标签，而是纯粹地以地理为主题。19 世纪，西方掀起了探索世界的热潮，而当 1911 年 12 月 14 日罗阿尔·阿蒙森（Roald

---

[1]　Société de Géographie，国内通称该学会为"巴黎地理学会"，但其外文并不含"巴黎"一词。——译者注

Amundsen）到达南极，这股热潮也就基本上过去了。从那以后，各个地理学会便不再专注于走得更远，而是将重点放在了探索世界的多样性和丰富性上。

展现地球的多样性与丰富性，这正是《地理》杂志一贯秉持的理念。这本杂志创刊于 1822 年，很可能是法国最早的期刊。我由衷感谢地理学会 10 年前邀我每季度为"历史地理学专栏"写一篇文章，本书的内容均来源于此，感谢学会允许我将这些内容整理出版。在此，还要特别感谢这个古老学会的热忱守护者、学会现任主席让—罗贝尔·皮特（Jean-Robert Pitte）先生，以及本书的责任编辑、杰出的艺术总监布里斯·格吕埃（Brice Gruet）先生。